PETITE BIBLIOTHÈQUE MÉDICALE

LA

PREMIÈRE ENFANCE

DU MÊME AUTEUR :

Des Kystes folliculaires des mâchoires. 1878.

La seconde Enfance, guide hygiénique des mères et des
personnes appelées à diriger l'éducation de la jeu-
nesse. 1888. In-16 (236 pages). . . . . . . 2 fr. »

Hygiène de l'Adolescence. 1891. 1 volume in-16
(172 pages). . . . . 2 fr. »

Note sur la Fièvre intermittente chez les enfants à
Paris. 1891. In-8°. . . . . » fr. 50

L'Art de soigner les enfants malades, guide hygié
nique des mères. 1891. In-16 (216 pages). . 2 fr. »

Hygiène alimentaire des enfants. 1 vol. in-16 de la
collection Charcot-Debove. Relié. . . . . 3 fr. 50

Consultations médicales sur les maladies des enfants.
1895. In-16 (310 pages). Relié. . . . . . 4 fr. »

Stations médicales dans les maladies des enfants. 1896.
In-16 (527 pages). Relié. . . . . 6 fr. »

Livrets de famille. Notes sur la santé des enfants.
1 volume in-16 (garçon). . . . . . . 2 fr. »
— 1 volume in-16 (fille). . . . . . . 2 fr. »

CHARTRES. — IMPRIMERIE DURAND, RUE FULBERT.

LA
PREMIÈRE ENFANCE

GUIDE HYGIÉNIQUE

DES MÈRES ET DES NOURRICES

PAR

Le Dʳ E. PÉRIER

DIXIÈME ÉDITION

Avec figures

PARIS

LIBRAIRIE J.-B. BAILLIÈRE ET FILS

19, RUE HAUTEFEUILLE, 19

1897

PRÉFACE

L'auteur du *Guide hygiénique des mères et des nourrices* est touché du bienveillant accueil que son livre a trouvé partout.

Indépendamment de la satisfaction qu'il éprouve à voir son ouvrage se répandre, il discerne dans cet empressement des familles à se procurer les livres d'hygiène pratique un bon signe pour l'avenir; c'est la réalisation d'un vœu souvent exprimé, que des connaissances scientifiques remplacent les préjugés et la routine.

Trop souvent encore, ainsi que le disait Bouchut, « la femme arrive à la maternité et commence l'allaitement sans se douter des devoirs de la tâche qu'elle doit remplir; son inexpérience est absolue. La futilité même l'emporte souvent sur le nécessaire. On prépare le berceau, les bonnets, les chiffons destinés à embellir l'en-

fant, et on ignore les moyens de le conserver. »
C'est pour cela que l'auteur du *Guide des mères*
a voulu apprendre aux femmes l'A B C de l'art
d'être mères, les diriger dans cette tâche,
comme dans un autre ouvrage (¹) il a essayé de
leur enseigner ce qu'il faut faire pour seconder
le médecin.

Il ne cherche pas à s'excuser d'avoir pris un
ton familier pour être plus persuasif. Il n'oublie
pas qu'il parle aux jeunes mères.

*
* *

Écrit pour les mères et pour les femmes qui
vont le devenir, cet ouvrage comprend quatre
parties :

Dans la *première partie*, l'auteur a tracé à
grands traits l'hygiène de la mère elle-même,
c'est-à-dire de la femme enceinte, de la femme
en couches et de la femme qui allaite, au point
de vue surtout de la santé future de l'enfant ;
car, comme on l'a dit, « l'avenir des enfants est
l'ouvrage des mères ».

Dans la *seconde partie,* il a décrit l'hygiène

_____

(¹) E. Périer, *l'Art de soigner les enfants malades.*

de la première enfance, sauf l'alimentation,
qu'il a réservée, à cause de son importance,
pour la *troisième partie*. Et c'est surtout cette
troisième partie qu'il a dû mettre au point, car
depuis l'édition précédente des progrès ont été
réalisés, particulièrement dans l'allaitement
artificiel.

Enfin, la *quatrième et dernière partie* contient
« la médecine d'urgence », c'est-à-dire les soins
qu'une mère intelligente pourra donner à ses
jeunes enfants, en attendant le médecin, dans
les cas les plus ordinaires d'accident ou de
maladie.

**
* **

Chemin faisant, il a relevé quelques préjugés
populaires. Il est temps de délivrer l'enfant des
commères et de leur routine, et de remplacer
par une hygiène naturelle et scientifique bien
entendue les théories et les pratiques qui ont
eu la faveur des siècles passés. Et si on veut
comprendre davantage le rôle et l'importance
de l'hygiène du premier âge, qu'on sache que
la médecine des petits enfants est beaucoup
plus dans le régime que dans l'emploi de médi-

caments difficiles à mesurer à leurs forces, et qu'il suffit parfois d'éloigner les repas pour faire cesser une diarrhée grave, de faire vivre l'enfant au grand air pour le guérir d'une constipation opiniâtre, de modifier ses bains pour lui relever les forces ou lui rendre le sommeil quand il l'a perdu. Enfin, il faut savoir que, comme l'a exprimé Hufeland : « La manière dont on élève les enfants pendant les deux premières années influe beaucoup sur la durée de leur vie. »

L'auteur serait heureux si la lecture de ces pages pouvait, en répandant dans les familles des connaissances simples et pratiques, augmenter les éléments de vitalité parmi de jeunes êtres qui ont droit à la sollicitude la plus tendre et qui doivent plus tard contribuer au développement et à la prospérité de notre pays.

Dr E. Périer.

Janvier 1897.

HYGIÈNE

DE LA

PREMIÈRE ENFANCE

PREMIÈRE PARTIE

HYGIÈNE DE LA MÈRE AU POINT DE VUE DE LA SANTÉ DE L'ENFANT

« Tel œuf, tel oiseau », dit un proverbe qui s'applique bien à l'œuf humain, c'est-à-dire au germe que la femme enceinte porte dans son sein pendant la période qui est nécessaire à sa formation. Si ce proverbe est vrai, si l'avenir de l'enfant dépend de son origine, on comprend combien il est important de veiller à sa formation d'abord et à son développement ensuite.

Il serait bon, si on en comprenait l'importance, que le médecin fût consulté par les intéressés pour fixer l'âge du mariage, qui doit varier un peu suivant les conditions de santé de chacun, et pour éviter les chances de transmission héréditaire des maladies, ainsi que les mariages consanguins, dont le moindre inconvénient est encore de n'avoir pas de postérité.

1

« Les mésalliances hygiéniques, ai-je dit ailleurs [1], ne sont pas moins fâcheuses que les mésalliances d'un autre ordre. Que d'unions brisées, que d'espérances évanouies, d'enfants sans avenir, de familles sans durée, par le fait de ces alliances où, avec le contrat, est entrée une maladie qui sera une lourde croix pour une famille et la source d'amers regrets. »

Mais ce n'est pas tout de veiller à la genèse de l'enfant, et, comme l'a dit un grand homme, « ce n'est rien de bien commencer à qui ne veut poursuivre jusqu'au bout ». L'enfant se nourrit en parasite du sang de sa mère pendant la période mystérieuse qui précède la naissance, comme il se nourrit de son lait quand il commence à vivre de sa vie propre, jusqu'au moment où, en le séparant des mamelles par le sevrage, on lui donne une existence indépendante. Il faudra donc que, pendant l'allaitement comme pendant la grossesse, la femme qui voudra conserver sa santé et assurer celle de son enfant suive un genre de vie particulier.

C'est ce régime que je vais tout d'abord indiquer.

---

[1] E. Périer, *Hygiène de l'adolescence*, p. 165.

CHAPITRE PREMIER

HYGIÈNE DE LA FEMME ENCEINTE.

> « Dans la grossesse, l'enfant
> s'identifie tellement avec la vie
> de sa mère que la santé de l'un
> fait la santé de l'autre. »
>
> HIPPOCRATE, trad. Littré.

On a dit que la grossesse était une maladie de neuf
mois. Il faut, au contraire, considérer cet état particulier comme une étape naturelle de la vie de la
femme qui joue tout entier le rôle auquel elle a été
destinée, et lui enseigner comment se diriger pour
conserver sa santé et assurer à son enfant une bonne
constitution et une heureuse venue.

I. — D'APRÈS QUELS SIGNES UNE FEMME POURRA-T-ELLE PENSER QU'ELLE EST ENCEINTE ?

La chose est aussi difficile dans les premiers mois
qu'elle est facile dans les derniers.

Vers le quatrième ou cinquième mois apparaissent
des signes dits *de certitude* qui enlèvent tous les

doutes. Avant cette époque, il n'y a que des signes de *probabilité*. Les erreurs sont fréquentes. Il y a deux catégories de femmes qui se trompent, quoique pour des motifs opposés.

D'un côté, il y a celles qui ont peur d'être enceintes, et de l'autre celles qui veulent l'être absolument. Rarement les premières le sont ; les autres ne le sont presque jamais, soit qu'elles aient dépassé la limite d'âge de la grossesse, soit qu'elles aient une cause de stérilité. Comme tous les médecins, j'ai eu souvent l'occasion de détromper les unes et les autres. Au début de ma pratique médicale, je fus appelé un matin chez une femme d'une quarantaine d'années, qui me déclara qu'elle était sur le point d'accoucher et que la sage-femme qui avait passé la nuit auprès d'elle, fatiguée de ne « rien voir venir », l'avait engagée à m'appeler. Les règles étaient supprimées exactement depuis neuf mois et, au dire de la femme, l'enfant remuait depuis près de cinq mois. Après quelques questions d'usage, je pratiquai un examen sommaire et je constatai qu'il n'y avait *pas de grossesse du tout*.

Ce fait n'est pas rare ; si je l'ai cité, c'est pour démontrer que la suppression des règles n'est pas un signe suffisant. Dans les cas ordinaires, une femme qui n'a pas une envie immodérée d'avoir des enfants et qui n'a pas non plus de raison pour redouter une grossesse, éprouve certains symptômes qui lui feront penser qu'elle est enceinte. Parfaitement réglée jusque-là, elle a un retard inaccoutumé, elle éprouve, surtout le matin, des nausées ou de véritables vomissements, son appétit devient capricieux, sa figure s'altère, son caractère change, elle a quelquefois une tendance aux faiblesses ou au sommeil, puis d'autres symptômes apparaissent : les seins gonflent et deviennent le siège de picotements douloureux, les règles ne viennent pas et le ventre grossit... Une telle femme peut penser qu'elle est enceinte.

Enfin, vers le cinquième mois, les mouvements de l'enfant et les autres signes dits de certitude ôtent tous les doutes, surtout s'ils sont constatés par un médecin ou par une sage-femme exercée.

Dès qu'une femme est enceinte, il faut qu'elle sache qu'elle se doit tout entière à la noble tâche qu'elle va remplir et qui lui promet les plus agréables espérances, mais qui lui impose d'abord des devoirs et souvent des sacrifices. Qu'elle se tienne en garde, contre les commères, qui semblent prendre plaisir à terroriser les jeunes femmes en leur présentant la grossesse et l'accouchement comme des événements dangereux. Il n'en est rien heureusement. Si la grossesse expose à des accidents graves, ce n'est que dans des cas tout à fait exceptionnels. Quant à l'accouchement lui-même, dont l'approche effraie tant quelques femmes, s'il s'accompagne quelquefois de vives souffrances, celles-ci sont largement compensées par la naissance d'un enfant qui sera pour toute la famille une source nouvelle d'affections et de joies.

II. — RÉGIME DE LA FEMME ENCEINTE.

Régime alimentaire. — On trouve encore chez quelques personnes ce vieux préjugé que « le premier morceau que mange la femme enceinte est pour son enfant ». Il est inutile de réfuter une pareille croyance, car tout le monde doit savoir aujourd'hui que l'enfant, avant sa naissance, vit du sang de sa mère et non d'aliments.

La femme qui devient enceinte ne devra pas pour cela changer son alimentation habituelle, du moins si elle s'en trouve bien. Elle mangera donc librement de tout ce qu'elle aime en temps ordinaire, sans choisir les mets les plus rares, qui sont loin d'être les meilleurs.

La femme grosse doit ménager son estomac comme tout le reste. Les anciens disaient : « Ce qui plaît nourrit. » Il faut s'entendre. Une nourriture simple et variée, dans laquelle la viande et les légumes auront une part convenable, sera la meilleure ; mais il faudra excepter du régime ordinaire les viandes fumées ou les mets trop fortement épicés, et les acides qui fatiguent l'estomac, produisent le pyrosis, de même que les boissons alcooliques, qui, prises en excès, pourraient nuire à l'enfant. Quant aux heures des repas, il n'y a pas lieu de les changer : on laissera absolument les dîners en ville, à cause des exigences de toilette qu'ils comportent, sans parler de l'entraînement à manger plus que d'ordinaire.

Nécessité de prendre l'air. — Exercice. — Repos et sommeil. — L'air, « cet aliment de la vie », comme disaient les anciens, « pain de la respiration », est indispensable à la femme enceinte. Que celle qui a souci de l'enfant qu'elle porte dans son sein et de sa propre santé, habite des pièces vastes et bien aérées, si ses moyens le lui permettent. En tout cas, elle devra ouvrir fréquemment les fenêtres de son appartement, petit ou grand, et vivre au dehors autant qu'elle le pourra, afin de respirer un air pur.

L'air confiné des pièces encombrées par la foule ne vaut rien pour la mère ni pour l'enfant, encore moins l'atmosphère viciée par les miasmes de la fièvre intermittente ou autres. Il faut donc que la femme enceinte évite le théâtre, les ateliers où manquent l'air et la lumière, ainsi que les endroits bas et humides. Car, ainsi que l'a dit quelqu'un, « l'air impur tue plus de gens que le glaive. »

La femme enceinte doit cesser de courir et de danser, de se livrer à des fatigues exagérées ou à des exercices violents, tels que soulever des fardeaux, monter à cheval ou à bicyclette, sauter d'un lieu élevé ou même se mettre à genoux ; de même elle évitera les voyages sur mer, en chemins de fer, ou en voiture mal suspendue. J'ai soigné une jeune dame qui presque arrivée au terme de sa grossesse, revenant de voyage, fit en fiacre le trajet de la gare de Lyon aux Champs-Élysées non sans être très incommodée par le cahot de la voiture, et accoucha d'un enfant mort, deux jours après son arrivée. En revanche les promenades à pied, au grand air et au soleil, sont absolument nécessaires, ainsi qu'un travail modéré, si la femme y est accoutumée.

Le repos n'est indiqué que lorsqu'on a des raisons pour craindre une fausse couche. Le sommeil est indispensable, et il sera d'autant plus réparateur qu'il sera gagné par une journée bien remplie. Il sera alors, commme l'a dit le philosophe anglais Locke, « le plus excellent cordial que la nature ait préparé pour l'homme ».

Modifications à apporter aux vêtements. — Les vêtements de la femme enceinte ne devront gêner ni par leur poids ni par une constriction trop forte. Ils devront être amples pour ne pas entraver le libre développement du ventre et des mamelles. L'empereur Joseph II d'Autriche avait proscrit le corset de ses États : le remède était trop radical. Les femmes enceintes devront, sinon s'en séparer, du moins le remplacer par un demi-corset dit de grossesse, sans busc ni ressort mais seulement des baleines et assoupli par des liens élastiques. Un tel corset ne gênera ni les seins ni l'utérus. Une ceinture abdominale conviendra dans les derniers mois pour soutenir le ventre surtout chez les femmes qui ont déjà eu une ou plusieurs grossesses. La meilleure preuve que les femmes enceintes souffriront d'être serrées, c'est que celles qui l'ont fait, par coquetterie ou pour cacher une grossesse clandestine, ont accouché d'enfants dont la tête avait subi un arrêt de développement. Je n'insiste pas sur le fait que dans ces constrictions trop fortes gît la cause de beaucoup de misères et de déplacements de matrice qui affligent trop souvent les femmes. Les jarretières qui gênent la circulation du sang seront mises de côté, particulièrement s'il existe une disposition aux varices, et remplacées par des jarretelles, liens fixant les bas au corset. On devra également repousser les chaussures à talon haut qui prédisposent aux chutes. On se trouvera bien de couvrir les parties inférieures d'un pantalon de toile ou de laine, afin d'empêcher surtout en hiver les refroidissements. L'hygiène vestimentaire de la femme enceinte est résumé dans ces vers :

> Je voudrais qu'une femme enceinte eût de tout temps
> Des vêtements légers, autour du corps flottants,
> Tels que chez les Hébreux en portaient les Lévites.

Précautions à prendre pour la toilette et les bains. — Les femmes enceintes n'ont rien à changer à leur toilette, sauf à éviter les lotions d'eau trop chaude et à suspendre les bains chauds pendant les cinq premiers mois. Si elles en prennent pour la simple propreté, que ces bains soient courts, une simple immersion de quelques minutes, et tièdes plutôt que chauds. Celles qui ont eu déjà des fausses couches devront s'en abstenir complètement jusqu'au cinquième mois. A cette époque, les grands bains, pris avec précaution, seront avantageux à toutes, et ils faciliteront singulièrement l'accouchement. Si les

bains de pieds ou de siège chauds doivent être soigneusement proscrits, au contraire, l'hydrothérapie
est recommandée et peut souvent rendre service
quand on y est accoutumé, de même que les bains
de mer. Il sera bon, dans tous les cas, de s'en référer
au médecin. Dans les derniers jours, des lavages et
des injections d'eau tiède chargée de tel antiseptique
indiqué par le médecin préviendront toute infection.

**Remarque relative aux rapports conju-
gaux.** — Les Pères de l'Église recommandaient la
continence, surtout au début et à la fin de la grossesse. C'est aussi ce que voulait Galien, quand il
disait : « Le fruit se détache d'autant plus aisément
qu'il est plus tendre et plus mûr. » Les fausses couches antérieures indiquent la nécessité d'une continence absolue. Enfin, dans tous les cas, on devra se
souvenir que, comme l'a dit le poète :

Ce que l'amour a fait, l'amour peut le détruire.

**Des soins à donner aux seins en vue de
l'allaitement.** — Les jeunes femmes devront protéger leurs seins contre la compression des baleines du
corset ordinaire qui pourraient déformer les bouts.
Elles feront bien, comme il a été dit plus haut, de le
remplacer par le corset de grossesse, très large, à
vastes goussets. Si elles veulent allaiter elles-mêmes
leur enfant, elles devront s'exercer à former les bouts.
Elles y réussiront en faisant elles-mêmes des succions
à l'aide d'une pipe en verre à tube recourbé, avec

une pipe en terre ordinaire, avec une ventouse spéciale ou avec la téterelle à pompe (fig. 1).

Le Dr Auvard a imaginé une téterelle bi-aspiratrice (fig. 2) appelée à rendre service aux jeunes femmes, soit pour préparer les seins en vue de l'allaitement, soit pour éviter les gerçures quand elles nourrissent.

Fig. 1. — Téterelle à pompe.

Une cupule de verre coiffe le mamelon et est tenue à la main. La mère, grâce à un tube de caoutchouc assez long, fait le vide dans la cupule, et forme à son aise le bout. Plus tard, l'enfant exercera des succions par le bout qui lui est destiné et la mère évitera ainsi les crevasses ou les gerçures.

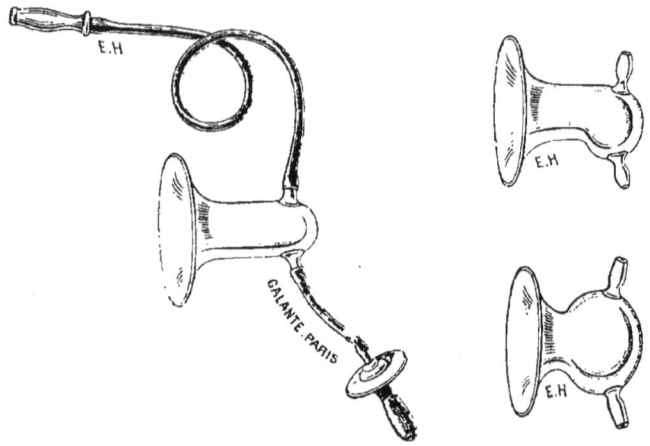

Fig. 2. — Téterelle aspiratrice du D' Auvard et l'appareil appliqué.

Il faut signaler aussi la téterelle simple de Bailly en verre avec tétine en caoutchouc et celle de Budin (fig. 3 et 4).

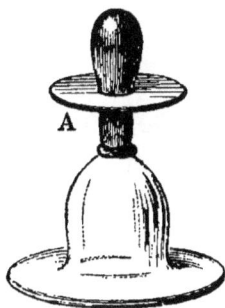

De plus, si les femmes veulent éviter les gerçures et les crevasses qui sont pénibles chez la femme qui nourrit, elles devront, pendant les deux ou trois derniers mois de la grossesse, appliquer sur le bout des seins une compresse imbibée de vin, d'eau-de-vie ou de rhum.

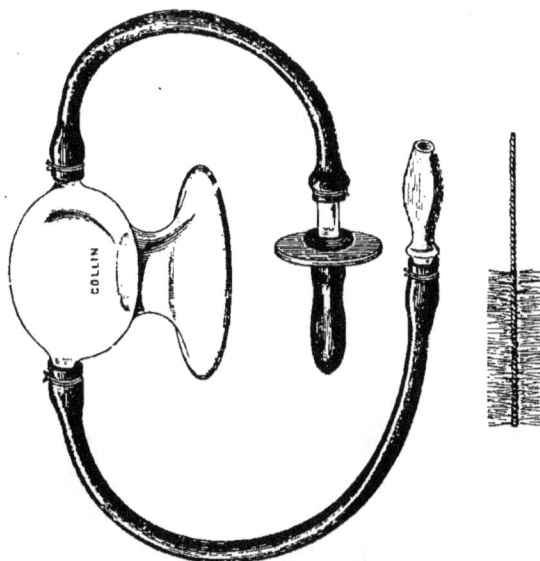

Fig. 3. — Bout de sein de Bailly.

Fig. 4. — Téterelle du Dr Budin.

III. — DES ACCIDENTS LES PLUS COMMUNS DE LA
GROSSESSE.

**Modifications de l'appétit. — Dégoût des
aliments.** — L'appétit est parfois perverti ou perdu
au début de la grossesse ; à la fin, il est, au contraire,
souvent exagéré, ce qui a fait accepter ce dicton :
« Une femme enceinte doit manger pour deux. » Il
faudra se conformer aux indications données dans
le régime alimentaire. Quelques substances amères
seront utiles pour réveiller l'appétit : par exemple,
une tasse de décoction de quassia amara, un petit
verre de coca ou de gentiane, de colombo ou de
quinquina.

Une tasse de camomille, de menthe ou de mélisse
aidant à la digestion, une eau alcaline agréable ou
une purgation légère ramèneront quelquefois l'appétit, lorsqu'il semblait perdu. Ici, les moyens les
plus simples seront souvent ceux qui réussiront le
mieux.

Si la femme éprouve une de ces envies alimentaires
qui lui font désirer de la craie, du plâtre, de la colle
et tant d'autres choses plus ou moins nuisibles à sa
santé, elle devra se souvenir que c'est un pur préjugé
de croire que la grossesse assure une immunité particulière et permet de manger sans danger les choses
les plus malsaines.

**Vomissements, nausées, salivation, pyro-
sis.** — Le vomissement est, comme je l'ai dit, un

des premiers signes qui indiquent aux femmes qu'elles sont enceintes. Il se produit ordinairement le matin pendant les trois ou quatre premiers mois, mais quelquefois aussi durant tout le temps de la grossesse. Beaucoup de femmes n'en ont jamais; d'autres en ont simplement à une première grossesse ou à une des grossesses suivantes, ce qui a fait supposer qu'on pourrait, d'après cela, dire d'avance le sexe de l'enfant : c'est un pur préjugé. Chez quelques femmes il n'y a que de simples nausées, accompagnées de rejet d'une gorgée d'eau plus ou moins acide. D'autres fois les aliments sont rendus, et cet accident devient, par sa persistance, une véritable cause d'épuisement pour la mère et pour l'enfant.

On pourra arrêter ou diminuer les vomissements par les aliments froids et les boissons glacées ; la limonade ou le jus de citron, l'eau de Seltz, le champagne frappé; le bismuth ou la magnésie dont on prendra une demi-cuiller à café, deux ou trois fois par jour avant de manger.

Si l'accident continue, ce sera au médecin d'employer une médication plus énergique.

J'ai vu, quelquefois, le crachement perpétuel de la salive qui remplit la bouche céder à l'emploi de pastille de charbon ou à d'autres petits moyens. Cet accident ennuyeux et fatigant n'a d'ailleurs aucune espèce de gravité.

Quant au pyrosis, cette sensation de brûlure que la femme ressent au niveau de la gorge ou de l'estomac, on l'atténue en supprimant le vin et les aliments épicés ou acidés, et en buvant de l'eau ou du lait aux repas.

Constipation. — Diarrhée. — La constipation, qui s'accompagne souvent de troubles nerveux, devra être combattue par de fréquents lavements ou par l'administration de quelques capsules d'huile de ricin, d'une cuiller de magnésie, de graine de lin, de psyllium ou de tout autre purgatif léger dont on a l'habitude.

D'ailleurs il importe de varier les petits moyens que l'on emploie pour ne point s'y accoutumer.

La diarrhée est plus rare, cependant elle se présente aussi dans les premiers mois ; son effet est d'épuiser la femme enceinte et de la prédisposer à l'avortement. De la tisane de riz gommée ou sucrée avec du sirop de coings, un peu de bismuth et enfin quelques lavements d'amidon cuit, auxquels on ajoute une dizaine de gouttes de laudanum, auront raison de cet accident qu'il ne faut pas laisser sans soins.

Varices. — Hémorroïdes. — Enflure. — Ces accidents tiennent au volume de la matrice qui gêne la circulation du sang dans les parties inférieures du corps. Ils disparaissent après l'accouchement. On opposera aux varices une compression douce à l'aide de bas élastiques ou de bandes de flanelle ; aux hémorroïdes, des lavements frais matin et soir ; pour atténuer l'enflure, on fera des frictions ou des lotions toniques soit avec de l'eau alcoolisée, soit avec telle préparation que le médecin aura indiquée.

Leucorrhée ou flueurs blanches. — Pendant la grossesse, les femmes ont souvent un écoulement vaginal, blanc ou verdâtre, qui cède en général aux lavages à l'eau de feuilles de noyer, ou à l'eau blanche, aux bains, mais qui aussi quelquefois persiste jusqu'après l'accouchement. De là d'autres accidents : des démangeaisons aux cuisses ou les troubles de la santé générale, tels que anémie, névralgies, etc. Il convient alors d'employer un antiseptique puissant comme le sublimé à 1 pour 4,000, soit pour les lavages soit pour les injections qu'il importe toutefois de ne mettre en œuvre que dans les derniers jours de la grossesse.

La grossesse s'accompagne souvent d'autres accidents ou maladies qui en peuvent troubler le cours, mais il n'y a pas lieu de les examiner ici. Ces maladies demanderont l'intervention du médecin, qui en dirigera le traitement.

Fausse couche ou avortement. — Quand la femme rend le produit de la conception dans les six premiers mois de la grossesse, on dit qu'elle fait une fausse couche ; quand c'est dans les trois derniers, un accouchement prématuré. C'est après les neuf mois révolus depuis la conception que l'accouchement est à terme.

Une femme qui, dans le courant de sa grossesse, pour quelque cause que ce soit, avec des douleurs de reins ou de ventre perd du sang, est menacée de faire une fausse couche. En attendant le médecin, elle se mettra au lit et on lui donnera un petit lavement

avec dix à quinze gouttes de laudanum. J'ai indiqué,
dans le régime de la femme enceinte, les précautions
à prendre pour éviter cet accident redoutable, qui
aura une tendance à se reproduire. Quand une femme
aura déjà eu une ou plusieurs fausses couches, elle
devra être sobre de mouvement et de fatigue, surtout
jusqu'à l'époque à laquelle se sont produits les accidents antérieurs. Le repos pendant quelques jours et
l'abstention de voyages, de bains trop chauds, de
purgations, pendant tout le temps de la grossesse
seront nécessaires.

Il n'est pas rare de rencontrer des femmes et surtout des filles qui ont volontairement tenté de se
faire avorter. Elles ne se rendent pas compte du
danger qu'elles courent ainsi, et j'ajoute que souvent,
malgré tout ce qu'elles font, elles arrivent parfaitement au terme de la grossesse. A côté de cela il y a
des femmes qui, malgré toutes les précautions,
avortent toujours et ne peuvent mener à bonne fin
une grossesse commencée dans les meilleures conditions.

Le seul conseil à donner à celles-ci, c'est de se
mettre entre les mains d'un bon accoucheur, qui les
dirigera jusqu'au bout.

**État nerveux des femmes enceintes. — Des
envies. — Rôle de l'imagination.** — Les facul-
tés nerveuses sont souvent troublées, de là des ver-
tiges, éblouissements, pertes de connaissance, sur-
dité, perversion du caractère, impatience, colère,
tristesse, découragement et tous les changements

possibles d'humeur jusqu'à la manie et la folie. Il se
produit même des perturbations dont la loi doit tenir
compte. Les douleurs névralgiques, aux dents, à l'estomac ou ailleurs encore, tourmentent souvent les
femmes enceintes ; le médecin indiquera les moyens
de remédier à ces inconvénients dans chaque cas. Pour
combattre l'anémie qui les produit ou les accompagne
chez les jeunes femmes, nous prescrivons du fer sous
une forme ou sous une autre. C'est l'affaire du médecin.
Je n'insiste pas sur l'éclampsie (convulsions puerpé-
rales) ni sur les autres maladies ressortissant de l'état
nerveux des femmes enceintes. Quant aux « envies
de femme grosse », on pourra les satisfaire lorsqu'elles
ne seront pas dangereuses ou déraisonnables, on fer-
mera ainsi la bouche aux commères qui, esclaves du
préjugé, voient dans ces envies de la mère la cause
de toutes les difformités et de toutes les taches de naissance auxquelles on trouvera toujours une ressem-
blance avec quelque chose que la femme a pu désirer.
Beaucoup de personnes n'oseraient pas résister aux
envies de femme grosse et, si elles l'avaient fait, se le
reprocheraient toute leur vie, si, par une coïncidence
malheureuse, l'enfant apportait en venant au monde
une de ces taches de naissance qui ressemblent à tout
ce qu'on veut.

Les émotions ont une certaine influence sur les
femmes enceintes, mais, là aussi, il faut faire la part
de l'imagination et ne pas croire qu'en contemplant
pendant la conception ou la grossesse un enfant qui
serait un type de beauté, on aurait, par ce fait, un

enfant semblable, pas plus que, pour avoir aperçu un
individu difforme ou estropié, on aurait comme des-
cendant un monstre. C'est un préjugé qui subsiste et,
il faut le dire, que les médecins ont contribué à per-
pétuer. On sait que les Grecs ornaient de gracieuses
statues leur gynécée, croyant ainsi obtenir de super-
bes sujets, comme l'exprime le poète :

De beaux marbres mirant leur front dans un bassin
Épurent en passant les yeux de jeunes mères,
    Qui moulent le fruit de leur sein
    Sur ces merveilleux exemplaires.

Hippocrate, dit-on, a sauvé du supplice une femme
accusée d'adultère parce que son enfant était noir,
bien qu'elle et son mari fussent de race blanche, attribuant cette anomalie à la présence du portrait d'un
Éthiopien suspendu près du lit des époux.

Le temps a fait justice de ces préjugés ; toutefois,
que de personnes qui croient aujourd'hui encore à l'influence de l'imagination de la mère sur le produit de
la conception ! C'est pour elles que j'écris ces lignes,
dans le but de les rassurer plutôt que de les effrayer.
Il n'y a pas une femme qui n'ait eu pendant sa grossesse des « envies », et tous les enfants ne sont pas
marqués, et combien y en a-t-il qui ont cru accoucher de monstres, parce que leur imagination avait
été frappée, et qui ont mis au monde des enfants bien
conformés !

Les secousses morales peuvent produire l'avortement, d'où il ressort que la femme enceinte fera bien
de vivre de la vie calme et tranquille de la maison.

CHAPITRE II

HYGIÈNE DE LA FEMME EN COUCHES.

« Propreté et repos. »

Choix du médecin et de la garde. -- En suivant une bonne hygiène la femme est arrivée au terme
normal de la grossesse. Elle a depuis longtemps choisi
le médecin ou la sage-femme qui devront l'assister,
ainsi que la garde. Celle-ci peut, comme cela arrive
souvent, être remplacée par une personne de la famille, qui devra être habituée au genre de soins que
comporte l'accouchée. Il faut que toutes ces personnes lui soient sympathiques et, si ce sont des figures
nouvelles, qu'elle ait eu le temps de se familiariser
d'avance avec elles. Elle ne prendra pas la première
garde venue, mais celle qui réunira les deux qualités
indispensables d'ordre et de propreté. Une qualité es-
sentielle aussi, c'est qu'elle ne soit point bavarde.
Si, comme l'a dit le poète grec Ménandre, « le médecin bavard est une maladie de plus pour le patient »,
que sera-ce pour l'accouchée, déjà fatiguée, d'avoir
à subir pendant plusieurs fois vingt-quatre heures la
présence d'une femme qui se croit obligée de lui ra-

2.

conter tout ce qu'elle sait et même ce qu'elle ne sait
pas ? On ne se doute pas du mal qui est souvent fait
de cette manière. Que les gardes sachent ne faire
« rien de trop », car le zèle à l'accomplissement de
choses inutiles ou inopportunes peut nuire à la mère
en la fatiguant pour rien, et à l'enfant en lui faisant
prendre des habitudes qu'il sera difficile de lui faire
perdre ; telles que, par exemple, de le prendre et de
le garder sur leurs genoux quand sa place est dans le
berceau, de l'endormir en le berçant ou en lui chan-
tant un air monotone qui ne manque pas en effet de
réussir (¹).

Soit donc une bonne garde, pas bavarde, aimant
l'ordre et la propreté, tout sera parfait dans la chambre, et le médecin contemplera avec plaisir son accouchée propre et reposée, l'enfant et son berceau en
leur place, chaque chose faite comme il faut et quand il
faut, tandis que trop souvent il trouve tout à l'opposé
de l'hygiène.

De la chambre. — La chambre sera choisie, et
il est à la fois utile et juste que ce soit la meilleure et
la plus aérée de la maison. Elle devra être munie d'une
bonne cheminée qui permette, en hiver, de maintenir
la température à 15° environ ; en été d'opérer une ventilation permanente, si on a la précaution de tenir le
tablier relevé. Qu'on n'oublie pas que cette pièce sera
occupée non seulement par la mère et l'enfant, mais

(¹) Voyez dans mon ouvrage, *l'Art de soigner les enfants
malades*, le chapitre consacré à la garde-malade.

encore par la garde, peut-être par une nourrice, et
qu'en outre elle sera, malgré la défense expresse du
médecin, le rendez-vous de trop nombreux visiteurs.
A Paris, comme dans les villes bruyantes, il serait bon
de donner la préférence à une pièce qui serait éloi-
gnée du bruit pour le repos de la mère et de l'enfant.
La femme accouchée devra être laissée tranquille
pendant les premiers jours au moins : les fatigues de
félicitations, qui pourront venir plus à propos un peu
plus tard, s'ajoutent aux fatigues de l'accouchement
et peuvent faire le plus grand mal.

La garde devra veiller à ce que la chambre de l'accouchée soit toujours propre et en ordre ; elle ne devra y laisser séjourner ni linges souillés, ni les évacuations, ni les éponges ou appareils qui auront servi
aux injections ou aux lavages, ni même trop de fleurs,
qui peuvent nuire à la mère et à l'enfant. Elle aérera
la chambre sans exposer la mère et l'enfant à des
refroidissements. Désinfecter l'air avec les substances
indiquées par le médecin sera une excellente chose,
mais ce n'est pas tout : la respiration ne se trouvera
bien que d'un air renouvelé. On peut pour cela ouvrir
les fenêtres d'une pièce voisine qui est en communication avec la chambre de l'accouchée, ou bien, s'il
fait froid, entretenir par un feu suffisant une bonne ventilation. Si la femme doit passer deux ou trois semai-
dans sa chambre, qu'elle y soit le mieux possible au
point de vue de l'hygiène, et de même l'enfant, qui,
suivant la raison, restera plus ou moins longtemps
sans sortir.

Lit de misère ou de travail. — Il est encore d'usage de dresser le « lit de misère ». Sur un lit de sangle, un lit en fer ou sur le lit de la malade, on dispose un ou deux matelas que le médecin fait arranger à sa façon. Des draps, une ou plusieurs couvertures et des oreillers complètent l'installation. Sur le drap qui recouvre le matelas on place, pour le préserver, une toile imperméable. Au-dessus on dispose un drap plié en alèze, et au-dessous un autre imperméable, du papier d'emballage ou des journaux bien imbriqués. Un drap plié en deux ou en quatre et tendu en travers, puis fixé de chaque côté sous les matelas, constitue une garniture provisoire qui sera enlevée après la délivrance. Il faut quelques serviettes pour parer aux éventualités.

C'est le médecin qui juge du moment où la femme sera mise sur le lit de travail, et aussi du moment convenable pour le lui faire quitter.

Vêtements. — Le vêtement de la femme en couches variera suivant la saison et les habitudes. Il doit être, en tout cas, ample et léger, c'est-à-dire facile à changer et ne pas exposer à transpirer la patiente, qui a déjà bien chaud, à chaque douleur. Il est bon de changer la chemise un moment avant l'accouchement, afin qu'elle ne soit point souillée ; elle sera, pour rester propre, relevée en arrière un peu haut.

Soins d'urgence à donner à la mère en attendant l'accoucheur. — Je n'insiste pas sur les phénomènes de l'accouchement, pas plus que sur la conduite à tenir vis-à-vis de la mère et de l'enfant.

Ceci regarde le médecin, qui verra s'il doit donner un bain à la femme, la placer dans telle ou telle position, la faire marcher ou coucher; s'il doit employer le chloroforme pour atténuer les douleurs, ou les fers pour terminer l'accouchement, dans les cas où leur application est indiquée, etc.; je dirai ce que chacun peut faire dans les cas d'urgence.

Soins d'urgence à donner au nouveau-né. — Asphyxie. — Si, comme cela se voit souvent, l'enfant vient au monde avant l'arrivé de l'accoucheur, la première chose à faire sera de le prendre délicatement, et, tout en le laissant en communication avec sa mère, de le coucher de côté sur un linge propre et chaud, avec lequel on lui frictionnera la poitrine jusqu'à ce qu'il ait crié. En même temps on débarrassera la bouche des membranes ou des mucosités qui pourraient empêcher la respiration de s'établir. Au bout de quelques minutes, on pourra jeter sur le cordon ombilical qui relie la mère à l'enfant deux fils, n'importe où, et, entre les deux fils, on coupera ou non le cordon, puis on attendra l'expulsion du délivre, qui se fait ordinairement dans le quart d'heure ou la demi-heure qui suivent l'accouchement. Il ne faudra pas couper le cordon et oublier de le lier, comme je l'ai vu faire une fois par une sage-femme qui avait été appelée chez une de mes clientes en attendant mon arrivée. Je trouvai tout fini, mais l'enfant était resté enveloppé dans une couverture de laine, où je le trouvai baigné dans son sang. Cet enfant se remit cependant et il va très bien aujourd'hui.

Dans le cas supposé où il n'y aurait là aucune personne de l'art, il faut savoir que, pour rappeler à la vie un enfant asphyxié, il suffira, dans l'immense majorité des cas, de le frictionner énergiquement, de le flageller avec un linge mouillé, de le présenter à un feu vif ou à l'air, de lui donner un bain chaud, rendu légèrement excitant avec du vinaigre ou tout autre liquide alcoolique. La ressource suprême sera l'insufflation d'air dans le poumon : ceci ne pourra être fait que par le médecin. C'est ce dernier qui dirige tout, et les conseils que je donne ici sont destinés à répondre au premier besoin en l'attendant. C'est lui qui pourra insuffler l'air directement dans le poumon à l'aide du tube laryngien du Dr Ribemont (fig. 5).

Il n'y a pas lieu d'expliquer ici, même sommairement, l'emploi du tube de Ribemont parce que c'est au médecin seul à l'employer, mais il y a une ressource, à la portée de tout le monde, qu'il importe de vulgariser : c'est la méthode des *tractions rythmées de la langue* de Laborde.

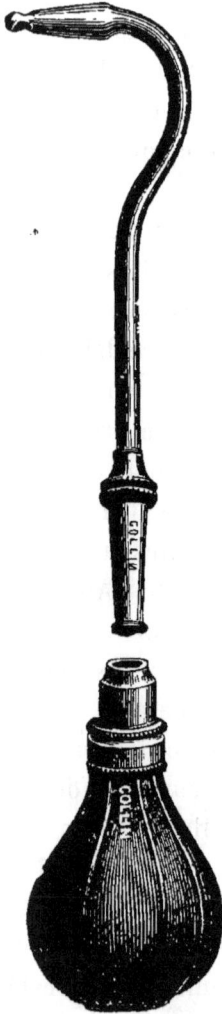

Fig. 5. — **Tube laryngien du Docteur Ribemont.**

Après avoir écarté les mâchoires de l'enfant on saisit la langue avec une compresse pour l'empêcher de glisser, et on la tire énergiquement à soi, d'une façon régulière et rythmique, de 15 à 20 fois par minute. On doit continuer cette manœuvre avec persévérance aussi longtemps que la mort n'est pas certaine.

Toilette de l'accouchée. — Je suppose, comme c'est le cas ordinairement, que tout s'est bien passé, c'est une raison de plus pour ne pas avoir d'accidents consécutifs. C'est un préjugé de croire qu'on peut abandonner à elles-mêmes les femmes qui ont heureusement accouché.

Une première toilette de la patiente est indispensable après que le médecin l'a délivrée. Si la femme est accouchée dans son lit, on enlève tout ce qui est souillé et on l'arrange le plus proprement possible; si elle est accouchée sur un lit spécial, on la transporte et on l'installe dans son lit, qui est prêt d'avance et dans lequel on a préalablement placé des bouillottes d'eau chaude. Une toile imperméable protège le matelas, et un drap d'alèze, facile à changer, est placé directement sous la malade.

Les soins de toilette comprendront non seulement les lavages des parties externes, mais, suivant l'indication du médecin, des injections d'eau tiède ou chaude, chargée de telle substance antiseptique indiquée: sublimé, acide phénique, borique, permanganate, etc. S'il est vrai, d'une manière générale, que la propreté est la colonne fondamentale de la santé, combien plus ne sera-ce pas vrai dans les suites de couches où la femme perd non seulement du sang, mais des liquides septiques en assez grande quantité? On profite du moment de la toilette pour veiller à la régularité des garde-robes et des urines. Les lavements auront raison des premières. Si les urines ne viennent pas, avant de recourir à la sonde, la garde pourra employer de petits expédients qui réussissent souvent: placer sous l'accouchée un bassin plat chauffé, contenant une infusion chaude de fleurs de mauve ou de camomille, appliquer un cataplasme, faire une onction chaude sur le ventre, enfin donner les traditionnelles tisanes de chiendent et queues de cerises, ou mieux le lait coupé ou non.

Un drap plié sera appliqué sur le ventre en attendant qu'on le remplace par un bandage de corps modérément serré, et un peu plus tard par une ceinture élastique abdominale.

Ai-je besoin de dire que l'accouchée aura les cheveux tressés d'avance, pour éviter qu'ils ne s'embrouillent en un inextricable paquet? Qu'il faut laver les mains et le visage, la bouche et les dents? Tous ces soins sont indispensables, comme si la malade vaquait à ses occupations ordinaires, de même que le change de la chemise et de tout ce qui est sali.

Repos et sommeil. — L'accouchée ne fera aucun effort: le médecin ou le mari la transportent eux-mêmes dans son lit, où, dès qu'elle est propre, elle prend un peu de repos bien gagné. Un préjugé ancien voulait qu'on empêchât la pauvre malheureuse de dormir, mais il n'a aucune raison d'être, pas plus que celui qui veut qu'elle reste toujours dans une position horizontale. Qu'elle dorme, le sommeil est le meilleur cordial ; qu'elle change de position et se mette, à son choix, sur l'un ou l'autre côté, en attendant qu'elle puisse se tenir sur son séant.

Alimentation. — Pendant le travail la femme a pris du bouillon, du lait, une boisson fraîche, si elle a des vomissements. Éviter les boissons qui excitent et qu'on donne souvent à tort, les vins généreux, l'eau-de-vie, etc., à moins d'indication spéciale dont le médecin sera juge.

Après l'accouchement, quand la patiente a pris quelques heures de sommeil, on lui donne une tasse de bouillon, un peu plus tard un potage. Pendant les premiers jours on variera les potages et on donnera, suivant la faim, des œufs, des viandes blanches, du poisson d'eau douce, du poulet, puis, peu à peu, on arrivera, à la fin de la semaine, au régime habituel de la femme, qu'on ne laisse plus autant à la diète qu'autrefois. Comme boisson, le vin coupé, la bière légère, le cidre même, si l'on en a l'habitude, conviennent mieux que les tisanes. Des fruits cuits ou très mûrs compléteront agréablement les repas et faciliteront les garde-robes.

Si la femme nourrit, quand devra-t-elle donner le sein à l'enfant pour la première fois? — C'est le médecin qui dirigera la femme pour ceci comme pour tout le reste, et il convient d'abdiquer devant son jugement. Lui seul verra si la mère

doit attendre quelque temps avant de présenter son
sein au bébé. En général, c'est quelques heures après
l'accouchement. Autrefois, par un préjugé que rien ne
justifie, pas même ce qu'on voit faire aux animaux, on
voulait que la femme ne donnât pas son premier lait, et
on la laissait deux ou trois jours avec les seins gros... et
l'enfant à la diète. Je dirai plus loin combien ce premier lait est, au contraire, utile à l'enfant et parfaitement adapté à ses premiers besoins.

**Si la femme ne nourrit pas, ou si elle cesse,
comment fera-t-elle passer son lait?** — Quelques purgations légères données à propos, c'est-à-
dire quand le lait est bien apparu dans les mamelles,
suffisent en général à le faire passer. On y joint une
compression douce sur les seins avec de la ouate arro-
sée d'huile camphrée. Il faut savoir que les prétendus
ravages que l'on attribue au « lait répandu » sont
plus imaginaires que réels, et ne reposent que sur un
préjugé entretenu peut-être par les médecins eux-
mêmes. Dès lors les femmes pourront se dispenser
d'avaler les traditionnelles tisanes de canne et de per-
venche, ou les prétendus « antilaiteux » exploités
par les commères et les charlatans.

Des levées et des sorties. — Le médecin fixera
le moment de la première levée et de la première sortie. Dans les classes peu fortunées, les femmes con-
sentent à peine à garder le repos pendant neuf jours.
Il faut deux semaines de lit et une troisième de repos
sur la chaise longue. Quant à la première sortie en
plein air, elle ne devrait pas être permise avant un mois.

Deux mots résument l'hygiène de la femme en couches : propreté ou antisepsie, et repos.

Reprise de la vie ordinaire. — C'est après le retour des couches que la femme est rendue à sa vie ordinaire. Toutefois, les grands voyages ou les exercices exposant à une fatigue considérable comme la danse, l'équitation, la bicyclette, ne pourront être repris que trois mois après l'accouchement. Si la mère allaite, c'est jusqu'au sevrage de son nourrisson qu'elle sera tenue de vivre à l'écart de tous sports et d'éviter le surmenage.

CHAPITRE III

HYGIÈNE DE LA FEMME QUI ALLAITE.

« Qui veut voyager loin ménage sa monture. »
(Racine.)

Si, pendant la grossesse, la femme doit se soumettre à un régime particulier, quand elle devient
nourrice, elle ne doit pas s'en écarter, si elle veut
conserver sa santé et assurer la prospérité de son
enfant. C'est pourquoi, avant même d'entreprendre
une tâche qu'elle peut déléguer à une bonne nourrice, la mère doit l'envisager de face. Elle mettra
d'un côté de la balance les sacrifices à consentir, et
de l'autre les avantages que son enfant retirera du
mode d'allaitement naturel, qui sera le meilleur de
tous s'il est bien conduit. Avant tout, elle s'inclinera
devant le jugement de son médecin sur ses aptitudes
à nourrir ou à ne pas nourrir, et se soumettra à ses
directions pour ménager ses forces, afin de pouvoir
aller jusqu'au bout.

I. — D'APRÈS QUELS SIGNES PEUT-ON DIRE D'A-
VANCE SI UNE FEMME ENCEINTE SERA BONNE NOUR-
RICE?

Je suppose une femme d'une bonne santé et rem-
plissant, par ailleurs, les conditions pour être une
bonne nourrice ; la question est de savoir si elle aura
du lait, assez de lait, pour nourrir son enfant. Ordinairement, dès le troisième mois de la grossesse les
seins gonflent, et, en pressant le mamelon, on fait
sortir quelques gouttes d'un liquide appelé « colostrum », qui sera plus tard le lait. C'est surtout vers la
fin de la grossesse que l'on trouve plus ou moins de
ce liquide dans les mamelles.

Le médecin pourra quelquefois dire, par l'examen
du colostrum, si la mère sera bonne ou mauvaise
nourrice. Les femmes qui, pendant la grossesse, ont
du lait dans les seins, en ont plus tard, et réciproque-
ment, celles qui n'en ont pas n'en auront guère après
l'accouchement ; mais le contraire se voit si souvent
que les intéressées ne doivent pas compter sur une
formule absolue à cet égard. Au lieu de décider à
priori sans appel, qu'on attende, qu'on essaie, et surtout que les jeunes mères ne se laissent pas découra-
ger d'avance.

Les femmes qui ont les règles peu abondantes ont,
en général, peu de lait, et celles qui perdent trop
sont exposées à un retour prématuré des règles pen-

dant l'allaitement et, par ce fait, à une diminution de
lait. Les femmes qui ont des règles moyennes seront
celles qui offriront le plus de chances de conduire un
allaitement jusqu'à la fin.

II. — RÉGIME DE LA FEMME QUI ALLAITE.

Régime alimentaire. — Le régime alimentaire
de la femme nourrice sera à peu près le même que
celui de la femme enceinte. Il faut une nourriture
saine et abondante, dans laquelle la viande et les
légumes auront une part convenable. Le meilleur
régime sera celui qui maintiendra bonne la santé de
la mère ou de la nourrice pendant que, de son côté,
l'enfant prospérera. S'il y a des écarts de régime,
l'enfant s'en ressentira. Et ici je rappelle les interdic-
tions que j'ai faites à propos de la femme enceinte :
les mets trop épicés, les viandes fumées, les choux,
la salade, l'ail, l'oignon, etc..., et surtout les boissons
alcooliques. L'eau rougie aux repas ou, suivant les
pays, la bière légère, qui passe pour donner du lait ;
le cidre même, conviennent. Soit, pour fixer les idées,
une demi-bouteille de vin et une bouteille de bière
ou de cidre par jour. Dans l'intervalle des repas, si la
nourrice éprouve une soif vive, comme cela arrive,
surtout après les tétées, on peut, pour éviter l'abus
des boissons spiritueuses, lui donner une tisane de
chiendent, d'orge ou de réglisse, ou bien encore, du
lait, malgré le préjugé que « le lait chasse le lait ».

Éviter le café et le thé, qui rendraient l'enfant nerveux.

L'ordre des repas sera le même que dans la vie ordinaire, mais on pourra donner quelques petites choses dans l'intervalle, le jour ou la nuit, suivant les besoins de la nourrice et les fatigues que son enfant lui occasionnera.

Repos et sommeil. — « Qui dort dîne », dit le proverbe, mais la réciproque n'est pas vraie. Que la femme qui allaite, et ici je parle de la femme du monde qui n'est pas habituée à supporter la fatigue comme la paysanne rustique que nous appelons à la remplacer, arrange son genre de vie, ou plutôt celui de son enfant, pour avoir sept à huit heures de sommeil. Si ce sommeil est interrompu sans cesse, si l'enfant est toujours suspendu au sein de la nourrice, il n'y aura pas de repos pour celle-ci et pas de lait pour celui-là.

Je dirai comment on peut régler l'enfant à ne prendre qu'un certain nombre de fois le sein pendant le jour; de plus, si la mère s'arrange pour le faire téter en se couchant et en se levant, elle pourra donner une seule fois ou deux fois au plus dans l'intervalle. En confiant alors l'enfant à une nourrice sèche qui le gardera la nuit dans une pièce voisine, elle aura un sommeil suffisant. Enfin, une sieste dans la journée pourra être utile, et n'aura pas d'inconvénients.

La femme qui allaite évitera les veilles prolongées et la fatigue qui les accompagne.

Nécessité de prendre l'air. — Exercice. —

Chaque jour et quelque temps qu'il fasse, une femme nourrice devra sortir, un moment au moins, de l'atmosphère de son appartement. Ceci s'applique encore bien plus aux nourrices que nous prenons à la campagne et que nous introduisons dans nos appartements trop souvent fermés à l'air et au soleil. Ce que j'ai dit à propos de la femme enceinte s'applique à la femme qui allaite, et elle n'a qu'à continuer son régime si elle a pu s'y faire : elle le fera d'autant mieux qu'elle en aura apprécié les avantages.

Vêtements. — Je n'ai rien à ajouter à ce que j'ai dit au sujet de la femme enceinte. Que la poitrine ne soit point serrée et que les seins soient protégés et modérément soutenus. Le mot « liberté » résume bien l'hygiène du vêtement de la femme en tout temps, c'est peut-être pour cela qu'elle fait tout le contraire en se serrant autant qu'elle peut.

Toilette et bains. — Les soins de toilette et les bains sont très utiles à la femme qui allaite, même l'hydrothérapie, si elle en a l'habitude. Si on a une nourrice étrangère, c'est surtout à elle que l'on recommandera les lavages du corps et les bains. Tout le monde peut se permettre ce luxe qui s'appelle la propreté : il faut seulement « un peu d'eau et de la bonne volonté ».

Soins des seins. — Les bouts de seins doivent être lavés avant et après chaque tétée avec un linge fin ou de l'ouate hydrophile et de l'eau tiède boriquée ; on y laissera en permanence un linge fin plié qui absorbe le lait à mesure qu'il s'écoule.

Rapports conjugaux. — Les rapports conjugaux devront être rares, une grossesse pourrait s'ensuivre et le lait deviendrait nuisible à l'enfant en revenant à l'état de colostrum. Cette remarque devient plus à propos encore si la femme qui nourrit a ses règles.

État moral de la femme qui allaite. — La femme nourrice doit mener une vie calme et régulière, comme la femme enceinte. Les émotions morales peuvent altérer son lait ou même le faire passer, comme je l'ai observé chez la femme d'un confrère à laquelle on apprit brusquement la mort de son père. Si on a une nourrice dans la maison, ne pas l'intimider ou la troubler, mais la mettre à son aise, et, au lieu d'en faire une dame de compagnie, la laisser aller avec les gens de sa condition tant qu'on n'y verra pas d'inconvénients.

III. — DES ACCIDENTS LES PLUS COMMUNS CHEZ LA FEMME QUI ALLAITE QUI POURRONT L'EMPÊCHER DE CONTINUER.

Accidents du côté des seins. — Gerçures. — Crevasses. — Abcès. — Ces accidents, qui apparaissent dans les premiers jours de l'allaitement, n'arriveraient certainement pas si les préceptes d'hygiène que j'ai indiqués étaient exactement suivis au moment opportun, si les bouts de seins étaient préparés avant l'accouchement, nettoyés et protégés

3.

après chaque tétée, et si on ne laissait pas le bébé suspendu inutilement au mamelon, sans compter que certains enfants le mâchonnent avec force, ce qui fait dire aux nourrices qu'ils ont la bouche dure.

Les gerçures, qui ne sont que des excoriations légères de l'épiderme, guérissent facilement; il n'en est pas ainsi des crevasses, véritables fentes du mamelon qui, par la douleur qu'elles provoquent au moment des tétées, et par la résistance aux traitements nombreux qu'on leur oppose, obligent souvent les femmes à renoncer à l'allaitement, sans compter qu'elles se compliquent quelquefois d'engorgement et d'abcès. L'inconvénient pour l'enfant, c'est qu'en suçant une plaie ouverte, il avale du sang, et d'autant plus qu'il trouve moins de lait.

Il est important de remédier à ces lésions par la cautérisation, moyen énergique qu'on ne demandera au médecin qu'après avoir essayé les moyens les plus doux. Un carré de baudruche sur lequel on a étalé du beurre de cacao, le gros vin rouge sucré, le glycérolé de tanin, la teinture de benjoin, les poudres d'amidon, le bismuth, l'alun, etc., constituent une partie des nombreux topiques employés avec plus ou moins de succès. On se trouvera bien de protéger la crevasse pendant la tétée soit par un bout de sein artificiel, soit par un morceau de baudruche dont la partie centrale appliquée sur le mamelon sera percée de petits trous à l'épingle, pour laisser passer le lait. Le plus sûr moyen, c'est encore de cesser l'allaitement du côté malade et de se hâter de le guérir. Sou-

vent les gerçures et crevasses persistent malgré tout
ce qu'on fait et la femme doit cesser de nourrir.

Ces gerçures et crevasses amènent quelquefois des
abcès qui obligent à suspendre l'allaitement, parce
qu'ils ne sont pas souvent uniques et que la suppura-
tion longtemps prolongée épuise la nourrice ; de plus,
le lait est moins abondant et perd sa qualité. Dans ces
cas, on peut quelquefois continuer à donner le sein
qui n'a rien ; mais souvent les femmes sont, dans ces
circonstances, obligées de renoncer à leur rôle de
nourrice.

Retour des règles. — Grossesse. — Le retour
des règles peut-il empêcher de nourrir? Non, à moins
qu'une grossesse ne survienne et que le lait ne perde
ses qualités et ne devienne un aliment insuffisant pour
l'enfant. Pendant les règles on verra que l'enfant est
un peu inquiet, qu'il profite moins, mais il se rattrape
vite après. Il serait cependant regrettable que les
règles revinssent dès les premières semaines de l'allaitement.

Si la grossesse est constatée, il faut de toute manière
qu'une femme cesse de nourrir son enfant. Où trou-
verait-elle l'alimentation suffisante pour donner à l'un
son sang, à l'autre son lait ?

Maladies. — Les maladies aiguës ou chroniques
qui atteignent la femme enceinte, comme tout le
monde, peuvent faire passer son lait. Le médecin
jugera, dans chaque cas particulier, si l'allaitement
peut être continué, interrompu, repris ou définitivement abandonné. Toute maladie aiguë grave (fièvre

typhoïde, fièvre éruptive, rhumatisme, etc.), surtout s'il y a des craintes de contagion, auquel cas l'enfant sera éloigné, nécessite l'interruption de l'allaitement. Cette interruption ne sera que temporaire si la maladie n'est qu'une indisposition.

Variations du lait. — Le lait peut être troublé dans sa quantité ; si cette quantité diminue, certains excitants, mais surtout la succion, peuvent le faire revenir. Chez nous, on vante les cataplasmes de feuilles de ricin, de mercuriale, etc. L'électrisation des mamelles répétée matin et soir m'a réussi dans quelques cas.

La sécrétion exagérée, continuelle, que l'on observe aussi quelquefois, épuise les femmes et les force souvent à abandonner l'allaitement, aussi bien que le manque de lait. Un lait trop riche trouble les fonctions digestives de l'enfant et l'expose aux gourmes. Quand le lait est pauvre, l'enfant est mou et ne profite pas.

Il y aurait bien des choses à dire sur ce sujet d'hygiène, mais je reste dans mon cadre.

DEUXIÈME PARTIE

DES SOINS PENDANT LA PREMIÈRE ENFANCE

CHAPITRE PREMIER

DES PREMIERS SOINS A DONNER AU NOUVEAU-NÉ.

> « La mère est le génie de
> la première enfance. »
> (FRÉDÉRIC FROEBEL.)

Soustraire le nouveau-né aux préjugés.
— Quand l'enfant vient au monde, la première chose
à faire, c'est de le soustraire aux commères et à leurs
préjugés. Si, par exemple, l'enfant en naissant porte
sur la tête ou sur la figure un lambeau plus ou
moins considérable des membranes qui l'enveloppent
dans le sein de sa mère, elles disent que l'enfant
« naît coiffé », et elles ne manquent pas de voir là
pour l'avenir un signe de prospérité et de succès.
C'est le bonheur sans mélange assuré à cet être si
particulièrement favorisé! Un pareil préjugé est ab-

surde : j'ajoute que ces membranes pourraient, au contraire, faire mal à l'enfant en empêchant la respiration de s'établir, et qu'il faut se hâter de le « décoiffer », en débarrassant surtout la bouche et les narines de tout ce qui pourrait les obstruer.

Il n'est pas rare que le nouveau-né apparaisse avec la tête allongée en pointe, comme conséquence de la pression qu'elle a éprouvée pendant l'accouchement ; malheur à lui s'il se trouve parmi les assistants une de ces commères hardies qui s'imaginent savoir don-

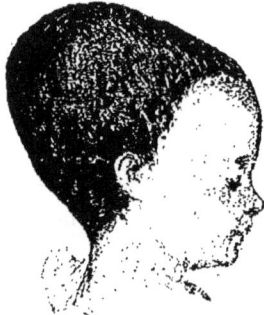

Fig. 6. — Forme de la tête, tout de suite après l'accouchement, par le sommet.

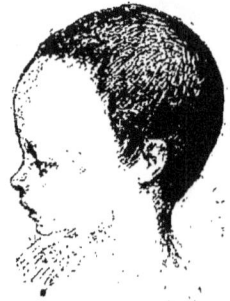

Fig. 7. — Forme normale de la tête.

ner au crâne du pauvre bébé une forme plus convenable ! Elle prendra le petit être pour pétrir dans ses doigts avec plus ou moins de brutalité sa tête encore un peu molle : ce sont là des manœuvres inintelligentes et dangereuses au plus haut degré. Ces préjugés ont, dès le siècle passé, excité l'indignation de J.-J. Rousseau, qui s'écriait : « Nos têtes seraient mal de la façon de l'auteur de notre être, il nous les faut façonnées au dehors par les sages-femmes et au dedans par les philosophes. »

Première toilette. — Le nouveau-né est souillé par du sang et des matières fécales, sans parler de l'enduit poisseux qui le recouvre naturellement, surtout à la tête, à la nuque, aux aisselles et aux aines. Il a besoin d'un nettoyage complet et toutefois assez rapide pour éviter le refroidissement. L'opération se fait en deux temps: on commence par frictionner tout le corps du bébé avec la main ou avec un linge de toile et un corps gras quelconque, tel que huile, cérat, cold-cream, ou avec un jaune d'œuf, ou enfin avec du savon. C'est le premier temps. On plonge ensuite l'enfant dans un bain d'eau tiède. Une grande cuvette, un bain-de-pieds ou une terrine pourront faire l'office de baignoire. On se trouve bien, surtout pour un enfant faible, d'aiguiser l'eau du bain, qui est à 30 ou 35 degrés centigrades, avec du vin, du vinaigre ou de l'eau-de-vie ; d'une main on soutient le cou et la tête de l'enfant, de l'autre on frotte légèrement avec une éponge fine toutes les parties de son corps. Cette opération dure à peine deux minutes. Après le bain, qui n'est qu'une simple immersion, on essuie, à l'aide d'un linge sec et chaud, tout le corps, et, pour prévenir le développement d'érythèmes et d'ulcérations, on le saupoudre, après que toute trace d'humidité a disparu, de poudre de riz, d'amidon ou mieux de talc, de lycopode, mélangés avec de l'acide borique par parties égales.

Soins particuliers aux yeux. — Les yeux

devront être soigneusement lavés avec de l'eau
chaude simple et mieux encore avec une solution
d'acide borique, que le médecin indiquera pour prévenir l'ophtalmie. Celle-ci est causée, on le sait, par
les liquides plus ou moins irritants avec lesquels la
figure du bébé a été directement en contact au moment de l'accouchement.

Pansement du cordon. — Le pansement du
cordon, qui vient d'être coupé lors de l'accouchement
et lié par un fil provisoire, est la première chose à
faire avant d'habiller l'enfant. Une seconde ligature
assure définitivement la première et préserve d'une
hémorragie qui a souvent été suivie de mort. Autrefois on croyait nécessaire d'exprimer, avec les doigts,
le sang contenu dans la portion du cordon adhérente
à l'enfant et de sécher, avec un linge, le liquide géla-
tineux qui suintait après la section du cordon; on
espérait ainsi préserver l'enfant de la plupart des
maladies: de la jaunisse, de la gourme, des convulsions, de la petite vérole, etc... C'est un préjugé
absurde. On panse aujourd'hui le cordon avec un
morceau d'ouate antiseptique (phéniquée, iodoformée
ou mieux sublimée) large et épais comme la paume
de la main, on le perfore en son centre avec le doigt.
On introduit par cet orifice le cordon sur lequel on
replie l'ouate. Il est inutile de mettre de bande autour
du ventre de l'enfant pour maintenir ce pansement
qui tient parfaitement ainsi.

On devra changer ce pansement deux fois par jour
en donnant le bain du matin et du soir, jusqu'après la

chute du cordon ; alors, c'est-à-dire vers le quatrième
ou cinquième jour qui suit la naissance, ou un peu
plus tard, le cordon desséché se détache et tombe,
laissant à sa place une petite plaie, sur laquelle on
mettra un peu de vaseline boriquée ou de poudre
antiseptique indiquée par le médecin, et on y continuera pendant quelques semaines une compression
légère pour empêcher qu'il ne se fasse une hernie
ombilicale. Un morceau de carton, comme une pièce
de cinq francs en argent, recouvert d'ouate boriquée
ou salicylée et maintenu par une compresse et une
bande, constituera ce bandage, qui en vaut bien un
autre et qui ne coûte rien.

Quand le nouveau-né est lavé et réchauffé, on le
couche dans son berceau, habillé comme il va être
dit au chapitre suivant, soit avec le maillot modifié,
soit selon la méthode anglaise.

Premier repas du nouveau-né. — Quelques
heures après sa naissance, le nouveau-né est mis au
sein de sa mère, si celle-ci doit le nourrir; sinon, en
attendant une nourrice, il est d'usage de lui donner
quelques cuillerées à café d'eau tiède sucrée, aromatisée avec de l'eau de fleur d'oranger. C'est là la tra-
dition. On croyait même autrefois qu'il ne fallait
mettre l'enfant au sein que le troisième jour ou plus
tard. Pendant ce temps, la mère avait la fièvre, et
l'enfant était privé du premier lait qui lui sert à se
débarrasser des matières intestinales.

L'enfant qui vient de naître n'a guère besoin d'aliments; si on juge utile, en attendant une nourrice,

de lui donner quelque chose, on pourra lui faire
prendre quelques cuillerées d'eau sucrée teintée de
lait d'ânesse ou de vache. Dans le cas d'insuffisance
vitale ou pour un enfant qui serait dans un état
d'affaiblissement extrême, le Dr J. Simon recommande
l'eau panée ou l'eau sucrée additionnée d'un peu de
vin de Malaga, dans la proportion d'une cuillerée à
dessert de vin pour un demi-verre d'eau.

CHAPITRE II

> » Qui voudra ramener les
> vestements à leur vraye fin, qui
> est le service et commodité du
> corps ? »
>
> (MONTAIGNE.)

Premier habillement. — Du maillot. — Le
premier habillement sera, selon le goût des familles,
le maillot modifié ou la méthode dite à l'anglaise. Je
me hâte de dire que je m'élève avec force contre la
coutume ancienne de serrer les enfants : il faut donc
rejeter l'ancien maillot et la longue bande qui, appliquée par-dessus le vêtement (fig. 8), donnait à l'enfant l'air d'une momie égyptienne ou d'un saucisson
de Lyon. Partant de ce préjugé qu'il fallait serrer le
nouveau-né pour empêcher ses membres de se déformer, on suppliciait les enfants dès le berceau. Cette
coutume tend à disparaître, et on s'étonne qu'elle
subsiste encore après ce que J.-J. Rousseau écrivait
il y a cent ans :

« A peine l'enfant est-il sorti du sein de sa mère
et à peine jouit-il de la liberté de mouvoir et d'étendre

ses membres qu'on lui donne de nouveaux liens. On l'emmaillote, on le couche la tête fixée et les jambes allongées, les bras pendants à côté du corps ; il est entouré de linges et de bandages de toute espèce qui ne lui permettent pas de changer de situation ; heureux si on ne l'a pas serré au point de l'empêcher de respirer et si on a eu la précaution de le coucher sur le côté, afin que les eaux qu'il doit rendre par la bouche puissent tomber d'elles-mêmes, car il n'aurait pas la liberté de tourner la tête sur le côté pour en faciliter l'écoulement. »

Le maillot, convenablement modifié et surtout peu serré, est encore le vêtement le meilleur pour les premiers jours, surtout dans la saison froide, et beaucoup de personnes qui ont adopté la méthode anglaise emploient de préférence le maillot, pour la nuit, dans les premières semaines.

Quand on voudra emmailloter un nouveau-né, on devra avoir sous la main, tout prêt et plus ou moins chauffés suivant la saison :

1° Pour couvrir la poitrine, une chemise de toile ou de batiste ; deux brassières, dont une de flanelle ou de tricot et l'autre de piqué ou de molleton ;

2° Pour la partie inférieure du corps, une couche de toile et deux langes, dont l'un de laine et l'autre de molleton ou de piqué ;

3° Pour le cou, un fichu ;

4° Pour la tête, un béguin et un bonnet si on veut.

La chemise, munie d'une coulisse au col, est fendue derrière et doit avoir des manches assez longues pour

arriver jusqu'aux poignets ; elle doit être assez large
pour croiser, d'autant plus que, l'enfant grossissant,
elle deviendra bientôt trop étroite ; elle ne doit des-
cendre qu'au nombril pour ne pas être souillée trop
vite.

Fig. 8. — Enfant dans le maillot serré avec la bande, pour
montrer le contraste avec l'enfant en culotte.

Les brassières, de mêmes formes et dimensions,
doivent être munies de cordons.

Les couches et les langes sont des pièces ressem-
blant à des serviettes ordinaires, c'est-à-dire ayant la
forme d'un carré allongé.

Tout le monde connaît les bonnets que l'on n'emploie plus guère qu'en hiver ou pour des enfants venus avant terme. Autrefois et encore aujourd'hui, dans quelques contrées de la France, on ne se contentait pas d'appliquer deux bonnets, mais on mettait par-dessus une longue bande qui faisait au moins cinq ou six fois le tour de la tête, et, en serrant fortement celle-ci, on comprimait le cerveau et on exposait l'enfant à des maladies telles que l'épilepsie et la folie, comme les statistiques de certains hôpitaux d'aliénés l'ont prouvé. On rejetera une pareille coutume, aussi dangereuse que le vieux maillot. J'ai signalé le danger des manipulations que pratiquent les commères. Ce danger est le même, sinon pire, quand la tête de l'enfant a été soumise à une compression prolongée. S'il faut la laisser s'arranger seule, il faut aussi la laisser se développer librement suivant sa forme naturelle, sans la comprimer par quoi que ce soit. Laissons les peuplades sauvages allonger la tête de leurs nouveau-nés en pain de sucre, puisque nous ne pouvons pas les persuader que ce n'est pas là l'idéal de la beauté ; laissons les Hottentots aplatir le nez, d'autres peuples aplatir le front ou le rendre saillant, faire allonger le cou ou le faire rentrer, aplatir le visage entre deux planches, etc., mais gardons-nous d'imiter ces coutumes barbares.

Il s'agit d'habiller le nouveau-né qui a été lavé, et dont le cordon a été pansé.

On commence par passer la petite chemise dans une brassière et on met ces deux pièces d'un seul coup. Comme il n'est pas toujours facile de faire passer les bras du bébé dans les manches étroites, même si on a la précaution de les froncer de manière que leur longueur soit diminuée le plus possible, on coiffe, l'une après l'autre, ses deux petites mains d'un cornet de fort papier, qui pénètre aisément en entraînant les bras. La seconde brassière, ordinairement plus ample, passe toute seule.

Ces trois pièces croisent derrière et se fixent par des cordons ou par des épingles anglaises ; quelquefois, on se contente de les maintenir avec les langes qui s'appliquent au-dessus d'elles au niveau des aisselles.

La couche et les langes étant déployés et superposés exactement, on y couche l'enfant de façon que son dos soit en leur milieu, et on ramène successivement les deux moitiés de chacune d'elles pour envelopper son corps et ses jambes. Soit la couche d'abord : chaque moitié est ramenée en avant en enveloppant une jambe et l'isolant de l'autre. La partie qui dépasse au-dessous des pieds est relevée en haut et va se perdre entre les jambes.

Les langes sont ramenés de même en avant et se croisent de telle sorte que l'enfant est parfaitement enveloppé. On les fixe par des épingles anglaises, puis la partie qui pend au-dessous des pieds est repliée en haut et en avant, et on en assujettit les extrémités en arrière avec deux épingles anglaises. On voit que les pieds sont deux fois recouverts de cette façon et, de même, la poitrine est bien protégée si la couche et les langes sont appliqués sous les aisselles, au-dessus de la chemise et des brassières, et non au-dessous, comme le font parfois les nourrices pour éviter que ces pièces ne soient salies.

On veillera à bien appliquer les diverses pièces du maillot, de façon à ne pas avoir de bourrelets aux aisselles, pas d'épingle qui puisse piquer l'enfant, pas de pied dans une fausse position, etc. Autrefois, les bras étaient compris dans cet appareil : les laisser libres et serrer modérément le corps, de façon que la respiration se fasse sans gêne et que l'enfant puisse mouvoir ses jambes.

Si la saison est froide et le chauffage mal assuré dans la chambre, on pourra couvrir la tête d'un béguin de flanelle sans cordons et d'un bonnet. Toutefois, l'enfant se trouve mieux de ne pas avoir la tête couverte, et on devra renoncer au bonnet après les premiers jours.

Enfin, on met un fichu autour du cou.

En général, on dissimule le maillot à l'aide d'une robe longue de linge appelée « cache-maillot ».

Habillement dit à l'anglaise. — Entre cette méthode et la précédente, toute la différence se trouve dans la manière de couvrir la partie inférieure du corps : les langes sont remplacés par de petites « culottes » d'une application très simple et qui permettent de voir plus facilement si l'enfant est mouillé. On peut, par cette méthode, habituer l'enfant à faire ses besoins au vase, même dès les premiers jours.

J'ai fait dessiner une culotte ouverte (fig. 9) et une

culotte fermée (fig. 10) ; on voit que cette pièce, qui, d'une part, entoure le corps de l'enfant et, d'autre part, ses deux petites jambes, le laisse plus à son aise

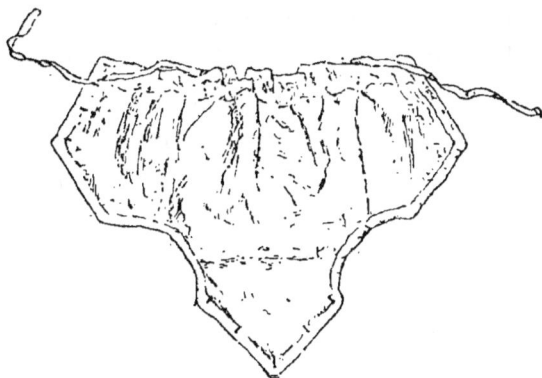

Fig. 9. — Culotte ouverte.

que le maillot. Les boutons qui fixent la culotte permettent de changer l'enfant plus aisément.

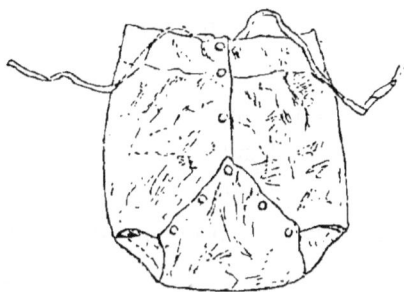

Fig. 10. — Culotte fermée.

Pour habiller le bébé, on commence par lui passer la chemisette et les brassières. Je n'ai rien à ajouter à ce que j'ai dit à propos du maillot : c'est identiquement la même chose.

Pour la couche qui est carrée exactement et non plus en forme de carré long, on la plie en triangle comme un fichu et on applique son milieu en arrière de l'enfant, à peu près au niveau des aisselles, comme dans le maillot. On ramène les extrémités en avant, et celle qui pend entre les jambes est ramenée aussi en avant et vient rencontrer en haut les deux autres qui forment ceinture. Cette extrémité se fixe là et est maintenue par les deux autres, qui, après s'être croisées, vont s'enrouler chacune autour d'une jambe du bébé et se perdent dans ses chaussons. On peut aussi plus simplement les diriger en arrière entre ses jambes, où elles absorberont les évacuations.

Comme la couche du maillot est maintenue par les langes, ici elle l'est par la culotte dont j'ai parlé, qui s'applique plus facilement qu'on ne peut l'expliquer, en ceinture au-dessus de la couche, assujettie par une coulisse serrant modérément et par des boutons en avant et sur les côtés. On voit que l'enfant a chaque jambe enveloppée dans un fourreau et le ventre suffisamment garanti.

On peut mettre deux culottes en hiver : une de piqué ou de molleton ou encore de tissu-éponge, et une autre de flanelle.

Dans la pratique, on dispose ces deux ou trois pièces les unes sur les autres, comme les pièces du maillot, et on les applique très vite sans avoir à retourner l'enfant plusieurs fois, comme c'est le cas pour le maillot.

Quelques personnes appliquent, en dedans de la

culotte, une autre culotte en tissu caoutchouté dont
on devine la destination ; mais je ne crois pas qu'on
doive en recommander l'usage : en effet, elle est destinée à préserver les pièces du vêtement, mais alors

Fig. 11. — Enfant en culotte, pour montrer le contraste
avec l'enfant au maillot.

c'est l'enfant qui est en contact avec les urines ou les
selles, et on perd les avantages de la méthode.

En emmaillotant l'enfant de cette manière, on

évitera les rougeurs et les excoriations, et on aura bien moins de linge sali.

Enfin, l'enfant a des bas et des chaussons de laine tricotée; les bas devront monter jusqu'au-dessus du genou, les chaussons seront plus ou moins épais, suivant la saison. Par-dessus tout cela, on met une longue robe de flanelle qui assure la chaleur de l'enfant, et une autre robe de linge, très longue aussi, qui recouvre le tout.

Ce vêtement est moins chaud que le maillot, en outre, il est plus dispendieux; aussi, malgré ses nombreux avantages, n'est-il guère employé par les gens peu fortunés.

De l'habillement à l'américaine. — La méthode américaine, qui est une exagération de la méthode anglaise, convient peut-être dans d'autres climats, mais assurément pas dans le nôtre. En effet, les enfants sont en robe décolletée et ils ont les bras entièrement nus (fig. 12), au moins dans l'appartement, et cela dès les premiers jours. Il ne faut pas oublier que le nouveau-né passe d'un milieu chaud (37 degrés) dans une atmosphère qui tuerait le plus vigoureux si nous ne le préservions contre son plus terrible ennemi : le froid. Sa sensibilité aux changements de température est telle, qu'il en éprouve les effets pendant le sommeil et le travail de la digestion. On le prémunira contre le froid pendant les premiers jours, à plus forte raison quand il n'est pas dans son lit, et qu'il est exposé à passer d'une chambre chaude dans une qui l'est moins.

Vêtements de sortie. — Quel que soit le vêtement que l'on adopte, quand l'enfant sort, on l'enveloppera dans une pelisse plus ou moins épaisse, sui-

Fig. 12. — Habillement à l'américaine.

vant la saison. Cette pelisse, assez incommode, sera,
après les premiers mois, remplacée par une plus

4.

courte, et enfin par un petit manteau quand l'enfant commencera à marcher.

Le chapeau ou la capeline varient suivant la mode et le goût des parents : je n'en dis rien. Quand l'enfant s'essaie à la marche et qu'il est exposé à se blesser en tombant, on peut, si on veut, le coiffer d'un bourrelet. Il ne me paraît pas que ce soit un moyen de rendre les enfants malades, quoiqu'on l'ait dit.

Il sera utile d'avoir une ou deux petites voilettes, du moins pendant les premières sorties, pour préserver le visage aussi bien contre le soleil que contre le froid.

Quand l'enfant commencera à marcher, on lui mettra aux pieds de petits souliers ajustés, mais qui ne le gêneront pas du tout.

A ce moment-là aussi, on remplacera les robes longues par des robes courtes, on ajoutera pour l'hiver un jupon de laine ou de tricot. Ce jupon sera fixé par des boutons à un petit corset de coutil, sorte de ceinture qui rendra service aussi pour fixer la culotte.

Robe de nuit. — L'enfant qui grandit et qui fait des mouvements se découvre la nuit et s'expose à se refroidir. Il est avantageux alors de lui mettre la « robe de nuit ». Cette sorte de chemise de nuit, en laine ou en toile, ferme à une certaine distance des pieds et des mains ; elle enveloppe ainsi entièrement le corps, sauf la tête, et, en se fixant modérément au cou, elle garantit l'enfant du froid (fig. 13). Plus tard cette robe sera utile pour éviter que l'enfant ne prenne des habitudes vicieuses.

Faut-il couvrir les enfants de flanelle? — Si l'enfant nouveau-né a besoin d'être mis en garde contre le froid, il n'en est plus ainsi quand, à la fin de la première année, il commence à marcher et puis à courir. A ce moment la flanelle, qui lui était utile jusque-là, l'expose à la transpiration. Adopter non pas une formule absolue, mais suivre les indications

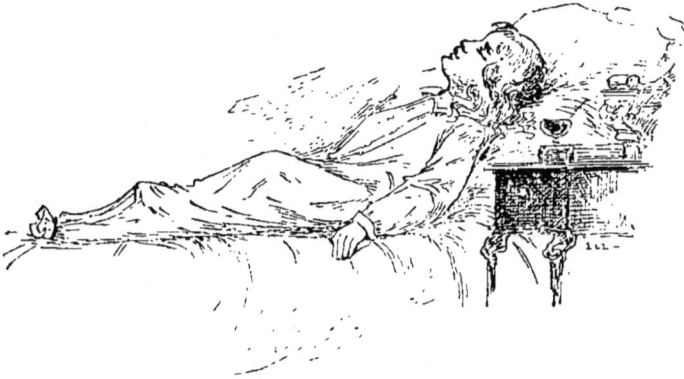

Fig. 13. — Enfant en robe de nuit.

que donnera la température extérieure, et si, après que l'enfant a été couvert de flanelle, on veut l'en déshabituer, on ne le fera que par une transition ménagée.

Faut-il beaucoup couvrir les enfants? — Il y a probablement plus de rhumes contractés par l'abus de vêtements que par le froid, mais il faut savoir que le nouveau-né a besoin pour ainsi dire d'être couvé et qu'il n'aura jamais trop chaud. Il y a chaque année des cas de mort d'enfants envoyés en nourrice par un froid rigoureux dans les premiers jours qui suivaient leur naissance. Voici une formule qui me paraît répondre aux besoins de l'enfant sous le rapport du vêtement: couvrir le nouveau-né d'autant plus qu'il est plus près du moment de la naissance et qu'il prend moins d'aliments, — et d'autant moins qu'il s'en éloigne davantage et qu'il se nourrit plus.

Ai-je besoin de dire qu'on devra moins le vêtir dans l'appartement que lorsqu'il sort ? Dans les premiers temps de la vie, en hiver surtout, on devra, au retour de la promenade, non seulement changer ses vêtements, mais encore le réchauffer.

Que faut-il penser des enfants qui vont les jambes nues ? — Il est une coutume que je blâme énergiquement. Je veux parler de cette mode dangereuse qui veut que les enfants aient les jambes nues. Ces petits enfants qui ont en toute saison, aussi bien en hiver qu'en été, les genoux absolument nus sont très couverts d'ailleurs! Est-ce normal? — On répond: Ils y sont accoutumés. En vérité, pourquoi ne point les accoutumer à se passer de manteau ou de tout le reste (¹), tandis que la maman ou les gouvernantes ont le corps enfoui dans des fourrures et les mains dans leur manchon? En été je ne dis rien; mais en hiver, même au printemps et en automne, que de

_____

(¹) Notez qu'il existe des petits pauvres qui vivent dans cet état de dénuement.

victimes de cette imprudente coutume! que de maux
de gorge, que de bronchites, que de fluxions de poitrine, que de rhumatismes qui n'ont eu pour cause
qu'une sortie avec les jambes nues! Aussi je dis toujours aux mères: Couvrez vos enfants d'une façon
convenable, en tenant compte de la température et
non de la mode.

CHAPITRE III

SOINS DE PROPRETÉ CORPORELLE.

> « La propreté est au corps ce
> que l'amabilité est à l'âme. »
> (LA ROCHEFOUCAULD.)

Bacon a appelé la propreté « la chasteté du corps » :
Cette question d'hygiène a une grande importance
dans la première enfance.

Change de l'enfant. — Lavages locaux. —
L'enfant devra être tenu très proprement, et les
pièces de son vêtement devront être fréquemment
renouvelées. La chemise et les brassières seront
changées seulement tous les jours ou tous les deux
jours. On les laisse même en général plus longtemps
en place. Quant aux pièces qui enveloppent la partie
inférieure du corps, elles sont souvent mouillées ou
même salies. Je ne parle pas de la couche, qui est
destinée à recevoir les évacuations et qui devra être
renouvelée aussi souvent qu'elle sera simplement
mouillée ; je veux parler de la culotte ou du lange
qui sont en rapport direct avec la couche. Ces pièces
devront être changées dès qu'elles seront seulement

humides. Les couches devront être lavées avant de
servir de nouveau; quant aux langes ou culottes, s'ils
n'ont été que légèrement mouillés, on peut les remettre quand ils seront secs. J'insiste sur ces détails,
et je ne crois pas que ce soit hors de propos. J'ai vu,
en effet, des nourrices et des mères remettre plusieurs
fois une couche qui avait servi, et qu'elles avaient fait
sécher devant le feu ou au soleil. C'est une mauvaise
pratique, dont l'inconvénient est d'irriter la peau de
l'enfant, et de provoquer des rougeurs et des excoriations. J'en dirai autant du linge lavé à l'eau de Javel
qui est si employée à Paris. Les couches seront donc
trempées dans l'eau et lavées au savon ordinaire ;
quand besoin sera, on les fera de temps en temps
passer à la lessive. Laver aussi les langes ou les culottes, et si par tolérance on permet de les remettre
deux ou trois fois, lorsqu'ils n'ont été que mouillés et
qu'ils sont convenablement séchés, ce n'est pas qu'on
veuille favoriser la négligence en quoi que ce soit.
On voit, d'après ceci, que le nouveau-né fera une
grande consommation de linge.

Par économie autant que pour éviter à l'enfant les
inconvénients d'un contact prolongé avec ses évacuations, il est bon de l'habituer, dès les premiers jours,
à faire ses besoins au vase. La chose n'est pas aussi
difficile qu'on pourrait le croire au premier abord, et,
pour encourager les jeunes mères et les nourrices, je
leur citerai comme exemple mes bébés qui ont été
de suite réglés à ce système, et qui, lorsqu'on y
prenait soin, ne salissaient que deux ou trois couches

par jour. Pour cela on observera que l'enfant ne fait
pas ses besoins endormi, mais dans les premiers ins-
tants qui suivent le réveil. A ce moment, il prend
une attitude particulière qui indique qu'il pousse :
ses yeux se mouillent de larmes pendant que sa figure
rougit et se contracte ; on entend même alors le bruit
des gaz qu'il expulse. Si donc on démaillote l'enfant
à son réveil, et qu'on le tienne au-dessus du vase,
les jambes écartées et un peu soulevées, on aura un
résultat. Il faut savoir attendre un instant et se con-
soler d'arriver quelquefois trop tard, mais ici comme
en tout la pratique rend maître et on obtient bientôt
que l'enfant se règle à cette bonne habitude. C'est
quand on veut suivre cette méthode qu'on apprécie
les avantages du maillot anglais. Il est, en effet, de
suite déboutonné et reboutonné ; l'autre est tellement compliqué qu'il n'est réellement pas pratique,
quand on veut tenir un enfant proprement ; aussi
arrive-t-il que, tant que celui-ci ne se plaint pas, on
ne songe pas à le démailloter et qu'il court le risque
de rester plusieurs heures dans ses évacuations ; de
là les inconvénients que j'ai signalés : irritation de la
peau et refroidissement.

On verra que le nouveau-né urine beaucoup et souvent ; en le couchant le siège un peu élevé, au niveau
des épaules, ce qui n'a aucun inconvénient, il ne se
mouillera pas pendant son sommeil, mais à son réveil,
quand on le mettra sur le pot. Qu'on renouvelle ces
tentatives de temps en temps, à des intervalles à peu
près réguliers, on verra qu'il n'est pas impossible

d'avoir un enfant toujours sec et propre sans trop de frais de blanchissage. Je n'ai pas besoin d'ajouter qu'on devra prendre garde de ne pas le laisser se refroidir en le tenant trop longtemps démailloté au-dessus du vase. Si l'enfant s'est sali dans son maillot, il faut non seulement le changer, mais le nettoyer. Pour cela, avec un coin de la couche on essuie sans frotter les parties souillées, particulièrement les plis des aines et des cuisses, qu'on lotionne ensuite doucement avec de l'eau tiède et une éponge fine. Enfin, on essuie en tamponnant avec un linge fin demi-usé, ou une serviette-éponge, et on poudre, comme il a été dit, les organes génitaux, les cuisses et le bas-ventre, avec de l'amidon ou du lycopode.

Ces lavages partiels auront lieu chaque fois que l'enfant se sera sali, et, s'ils sont faits régulièrement, on n'aura pas les rougeurs ni les excoriations qui sont l'apanage des enfants mal tenus.

Lotions générales. — Une lotion générale rapide sera utile tous les jours. Je préfère, par l'expérience que j'en ai faite, à ces lotions générales à l'éponge, un bain très court, qui consiste simplement à plonger le corps dans l'eau tiède (fig. 14) ; à faire en un mot tout d'un coup ce que l'éponge fait plus lentement. Toutefois je n'entends pas donner un bain quotidien de quelque durée, qui fatiguerait l'enfant par une macération prolongée.

Bains. — Deux ou trois fois par semaine, ce bain, qui n'est qu'une simple immersion, sera prolongé pendant cinq à dix minutes. On le donne géné-

ralement le matin, ou quelquefois le soir si l'enfant
est agité. En tous cas, s'il fait froid, on devra allu-
mer un peu de feu et prendre toutes les précautions

Fig. 14. — Le bain.

pour éviter un refroidissement. Il est un préjugé qui
veut qu'on ne donne pas de bains entre le premier

grand nettoyage qui suit la naissance et la chute du
cordon. Le bain n'est jamais aussi indiqué que pendant ce temps-là, et, si on sait le donner avec précaution, on facilitera la chute du cordon et on n'aura pas
d'inflammation autour du bourrelet ombilical ; mais
telle est la force du préjugé qu'il est presque impossible chez certaines personnes d'obtenir même une
simple lotion générale à l'éponge. Je connais une
famille fortunée où les enfants grandissent sans être
jamais baignés. On a été étonné de me voir prescrire
des bains au lieu de médicaments, lorsqu'on m'a présenté ces enfants atteints d'éruptions dues au manque de soins de propreté.

Frictions. — Les frictions à la main où à l'éponge,
pendant les lotions et les bains, ont une incontestable
utilité sur la peau, pour favoriser son fonctionnement
et assouplir les membres, comme le ferait un mas-
sage. De même les frictions destinées à essuyer l'enfant après le bain sont utiles pour faire faire la réac-
tion, en excitant la circulation du sang et en ouvrant
les pores de la peau. On emploie pour cela une serviette-éponge ou un peignoir de flanelle.

Soins de la tête. — Les soins que réclame la
tête doivent être affranchis des préjugés qui veulent
que la santé de l'enfant implique la conservation de
la saleté qui s'y amasse si facilement et constitue le
« chapeau ». On débarrassera l'enfant de ces ordures
qui livrent un accès facile aux poux. On emploie pour
cela l'eau, toujours l'eau, en lotions tièdes avec une
éponges ou une brosse fine. Comme l'a dit Fonssa-

grives, « un enfant bien lavé et bien peigné est la
gloire d'une mère ». Les oreilles seront soigneusement
lavées avec une toute petite éponge fixée sur un petit
manche, comme un pinceau ; au besoin, on fera de
petites irrigations d'eau tiède. Les yeux aussi devront
être tenus très propres pour prévenir les ophtalmies
dont la gravité est connue de tous. Les narines seront
aussi souvent nettoyées.

**De l'eau employée pour les lotions et les
bains.** — Faut-il, pour les soins d'hygiène, employer l'eau chaude, l'eau froide ou l'eau tiède ? Les
Spartiates plongeaient leurs nouveau-nés dans l'Eu-
rotas, dont l'eau très froide se chargeait d'opérer le
triage des enfants vigoureux et de ceux qui ne l'étaient
pas. Il n'y avait que les plus forts qui résistaient. On
fait cela encore aujourd'hui quand on se flatte d'élever les enfants à l'eau froide, et on montre fièrement
ceux qui y résistent. Il est contraire à la physiologie
la plus élémentaire de laver le nouveau-né à l'eau
froide, ce qui ne veut pas dire que tous les enfants
traités de cette façon mourront, mais je demanderai
avec Max Simon : « On a vu des gens tomber d'un
quatrième étage et ne pas se tuer. Irez-vous courir
cette chance ? »

Je ne conseille donc pas l'eau froide pour le nouveau-né, pas plus que l'eau chaude, c'est-à-dire à
une température plus élevée que celle du corps, mais
l'eau à 30 ou 35 degrés, l'eau tiède, l'eau agréable à
la main. Le Dr J. Simon recommande l'eau de feuilles de noyer faible, à peine teintée, pour raffermir la

peau, si prompte à s'irriter et à s'excorier ; si elle
est irritée, on emploiera l'eau de son ; si l'enfant est
agité et ne dort pas, une infusion de tilleul, et alors
on donnera le bain le soir.

Plus tard, quand l'enfant marchera, et plus tard,
surtout, quand il pourra faire lui-même ses ablutions,
je le laisserai volontiers arriver par degrés à l'eau
froide, par une transition ménagée.

En Angleterre, on emploie plus largement que chez
nous les bains, le « *nursery-bath* », dans lequel les
enfants puisent à la fois et des conditions de santé
et des habitudes de propreté, avec le goût de cet élément liquide qui est le domaine de leur activité et
l'instrument de leur empire universel.

L'eau est aussi utile à la peau que l'air aux pou-
mons, et il est aussi facile de se procurer l'un que
l'autre. Que de maladies, que de misères les mères
épargneraient à leurs enfants, tout en leur procurant
un grand bien-être, « avec un peu d'eau et de bonne
volonté » !

CHAPITRE IV

« Nid d'âmes. »
(V. Hugo.)

Du berceau. — Quand le nouveau-né a subi son premier et complet nettoyage, on le couche dans son berceau et non dans le lit de sa mère ou de sa nourrice, où il pourrait être étouffé. Les jeunes mères n'ont peut-être pas oublié le « jugement de Salomon », où il s'agissait justement de deux femmes dont l'une avait « étouffé son enfant en le couchant avec elle ». On s'étonne que les nourrices, et surtout les mères, s'exposent encore à cet accident, après les avertissements qu'elles reçoivent sans cesse ! Revenons au berceau.

Cette première demeure de l'homme varie à l'infini, dans ses formes et sa confection, suivant les pays et la fortune des familles.

L'enfant du pauvre dort aussi bien dans son modeste panier d'osier que l'enfant du riche au milieu des broderies et du duvet, dans ces luxueux berceaux où l'art a déployé toutes ses délicatesses.

Chez nous, on a fait, et on fait encore, des berceaux pleins : ils sont mauvais.

J'ai vu, dans une famillle, un berceau de ce genre, fort original. Les parents, amateurs de bibelots, avaient découvert quelque part un superbe traîneau qu'ils avaient fait transformer en une couchette somptueuse. Quand il a cessé de servir de berceau, le traîneau a encore changé de destination, il est devenu une jardinière, qui constitue aujourd'hui l'un des ornements du salon.

Ces berceaux pleins, que l'on retrouve en Bretagne et ailleurs, et dont on a le type dans une scène de famille peinte par Bartholin et devenue populaire, ont, entre autres inconvénients, si l'enfant est un peu enfoncé, comme cela est nécessaire pour éviter le froid ou les chutes, celui de le placer dans une couche d'air qui ne se renouvelle pas. Un autre inconvénient, c'est que les insectes qui partagent si volontiers la demeure du baby, mais non pas son sommeil, s'y logent facilement.

Les meilleurs berceaux sont, dans les familles modestes, en osier, montés sur un pied de bois, ou mieux en fer faisant corps avec le pied. Dans les familles riches, on emploie le bois, le cuivre ou le fer plus ou moins ornementés, que l'art décore parfois d'un luxe tout au moins inutile. Ils sont tous de forme ovale : les berceaux en osier sont recourbés d'un côté pour former une capote à la tête du bébé, les barcelonnettes (fig. 15) en fer ou en bois sont munies d'une tringle ou d'une flèche, qui permet d'installer un léger rideau.

La couchette elle-même est en treillis de fer ou à colonnettes en bois : on en garnit les vides, si on veut, avec des étoffes de plus ou moins de valeur, ouatées et piquées, qui la rendent plus moelleuse. Qu'il y a loin de ces somptueux berceaux au bouclier dans lequel le soldat romain déposait son nouveau-né !

La literie se compose d'un ou deux paillassons en toile remplis de crin, de balle d'avoine bien sèche, de feuilles de fougère desséchées, de varech, de paille même si on veut, et d'un oreiller demi-circulaire rempli de crin de préférence à la plume, qui entretiendrait trop de chaleur autour de la tête du baby; enfin, de draps et de couvertures.

Les substances que j'ai signalées pour garnir les paillassons doivent être de peu de valeur, afin qu'on puisse les renouveler aussi souvent qu'il sera nécessaire. D'ailleurs, pour le préserver d'être mouillé, on place sur le paillasson un carré de feutre qui vaut mieux que la pièce de toile imperméable, qu'on rencontre dans quelques berceaux. Si on a deux de ces carrés de feutre, dont l'un sèche tandis que l'autre est en place, la literie ne sera jamais mouillée. C'est sur ce feutre, recouvert d'un petit drap, qu'on couche l'enfant tout habillé. On le recouvre d'un second drap et d'une ou plusieurs couvertures, suivant la saison. En hiver on pourra ajouter un petit édredon et un ou deux cruchons d'eau chaude pendant les premiers mois de la vie seulement, car plus tard on doit éviter de favoriser la mollesse. S'il s'agit d'un enfant venu avant terme, ce ne sera pas encore assez : on l'enveloppera dans du coton, ou mieux on le placera dans une couveuse artificielle. Toutefois, pour un enfant bien portant, il y aurait inconvénient réel à le trop couvrir : on l'exposerait à des éruptions sudorales et on le rendrait plus sensible au froid.

Les rideaux sont assurément très utiles contre le

Fig. 15. — Barcelonnette ordinaire.

froid, contre une lumière trop vive et aussi un peu contre le bruit. On ne devra jamais les fermer tout à fait, et on les écartera largement au réveil. Les jeunes mères aiment bien abriter le berceau de leur enfant sous un de leurs rideaux ; cette coutume, qui s'expli-

5.

que par un sentiment naturel très louable, est contraire à l'hygiène. Il faut au nouveau-né un air pur, et non l'atmosphère imprégnée des émanations qui s'échappent du lit d'une femme récemment accouchée. Ne jamais laisser flotter devant la figure de l'enfant les rideaux ou les couvertures, qui pourraient l'exposer à être étouffé. Ces petits détails ne sont pas sans importance, malgré leur minutie ; souvent on les apprend trop tard par de cruelles expériences !

C'est aussi par crainte d'accidents divers qu'on ne doit pas employer exclusivement les berceaux plats dits « moïses » (fig. 16). Ils peuvent tomber si on les place sur un siège ou sur une table, se renverser sens dessus dessous et être une véritable cause de mort pour l'enfant, et par terre ils ne sont pas assez en vue, ce qui fait qu'on peut très bien blesser le baby. A la campagne, ils l'exposent aussi aux morsures des animaux domestiques. Partout ils ont l'inconvénient, s'ils sont placés trop bas, surtout près du feu, dans le courant provoqué par le tirage de la cheminée, d'exposer l'enfant à un refroidissement, et en tout cas de le maintenir dans une couche d'air malsain. Le berceau devra être à une hauteur d'environ 1 mètre. — J'avais conclu qu'il fallait absolument rejeter ces berceaux, malgré le nom qu'ils portent qui rappelle le « Sauvé des eaux », quand une dame de mes clientes m'en offrit un ravissant, couvert de broderies et de rubans roses, quelques jours avant la naissance de ma première petite fille. Je fus bien forcé d'étudier de plus près, dans la pratique, le petit berceau

« moïse », et je fis l'expérience qu'il pouvait rendre
de véritables services entre les mains d'une mère vigilante, pour transporter l'enfant d'une pièce dans
une autre, pendant les premiers mois. En attendant
qu'un enfant puisse être étendu sur une natte pour y
prendre ses ébats, il est mieux dans ce petit berceau,
où ses membres ne prennent pas de mauvaises directions, que dans des bras inexpérimentés qui lui don-

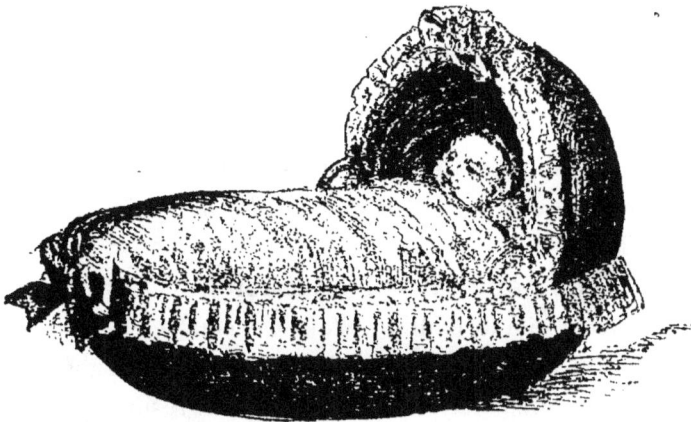

Fig. 16. — Berceau plat dit « moïse ».

neraient des attitudes vicieuses. On pourra donc s'en
servir comme complément de la barcelonnette.

Quand l'enfant, âgé de six mois et à plus forte raison plus tard, commencera à faire beaucoup de mouvements, on pourra, pour sa sécurité, entourer son
berceau d'un filet parachute.

Je signalerai, pour la bizarrerie du fait, un genre
de coucher original, employé par quelques personnes.

Il consiste à enfouir l'enfant directement dans du son, sans habiller la partie inférieure du corps, et à le recouvrir avec une peau de mouton. Comme on voit, ce système se rapproche de la nature. L'enfant n'est jamais sali, ni mouillé par ses évacuations, qui sont absorbées par le son : celui-ci forme avec elles des boules que l'on enlève à mesure, et on change le son le plus souvent possible.

On place le berceau, quel qu'il soit, près du lit de la mère ou de la nourrice, à l'abri des courants d'air et, autant que possible, on évite que le bébé n'ait à tourner les yeux pour regarder du côté de la fenêtre. Il n'y a aucun inconvénient à donner satisfaction aux personnes qui croient qu'il y a là une cause de strabisme.

Comment faut-il coucher l'enfant ? — On s'accorde à dire qu'il ne faut pas coucher le nouveau-né sur le dos ; il pourrait être étouffé pas des glaires ou du lait qui pénétreraient dans les voies respiratoires. On en a cité des exemples. De plus, cette habitude, une fois prise, persisterait, comme dit le proverbe : « Habitude du berceau dure jusqu'au tombeau », et on croit en général que les habitudes vicieuses de plus tard tiennent à ce que l'enfant couche sur le dos. — On conseille de le coucher sur le côté gauche... ou sur le côté droit : il faut alterner et mettre l'enfant tantôt sur un côté, tantôt sur l'autre. Tout le monde sera content, et l'enfant aussi.

On laissera les bras hors du lit, en les couvrant légèrement s'il fait froid. La tête sera peu élevée.

Je proteste contre la mauvaise pratique d'attacher et de serrer, dans leur berceau, des bébés déjà trop serrés dans le maillot. Qu'on les laisse donc librement se développer, au lieu de les lier et de les enfermer comme des prisonniers !

Du sommeil. — Le sommeil joue un grand rôle dans les premiers temps de la vie : l'enfant nouveau-né s'endort dès qu'il a teté et ne se réveille guère que pour teter de nouveau, puis il s'endort encore, et ainsi de suite. Il semble qu'il ait besoin de prolonger la tropeur qui préside à sa formation pendant quelques semaines encore, ou au moins de n'arriver à une certaine activité que peu à peu. On respectera ce sommeil et on le favorisera même en arrangeant tout pour qu'il ne soit pas troublé, par une lumière trop vive, par le bruit, par le froid, ou toute autre cause. Il y a des enfants qu'il faut stimuler et mettre au sein de force, quand ils ont longtemps dormi et qu'ils parais-trop engourdis ; mais cela est déjà un état maladif qui échappe à la compétence des mères.

L'enfant dort beaucoup, ai-je dit, j'ajoute qu'il dort partout, surtout dans les bras de sa mère ou de sa nourrice, ce qu'il ne faut jamais lui permettre. On l'habituera à dormir au milieu du bruit et de la lumière, il s'y fait très bien, d'ailleurs ; il dort volontiers à la promenade, mais il sera bon d'éviter qu'il n'y prenne un refroidissement dans la mauvaise saison, ou une insolation en été. A part cette réserve, je crois pouvoir affirmer, après d'autres, que le sommeil au grand air est plus réparateur que celui qui a lieu dans une chambre close. Peu à peu, il dort moins, et, vers six mois, on peut commencer à régler son sommeil comme on a réglé ses repas. Toutefois, je dirai ici avec J.-J. Rousseau : « Sans doute, il faut s'assujettir aux règles ; mais la première est de pouvoir les enfreindre sans risque quand la nécessité le veut. » La première chose à faire, dans l'intérêt de la mère et de l'enfant lui-même, qui n'aura du lait que si celle-ci dort, ce sera d'obtenir que le sommeil soit prolongé la nuit le plus possible, et je dis tout de suite qu'il n'est pas difficile d'obtenir qu'un enfant ne se réveille qu'une fois pour téter. Il a pris le sein en s'endormant vers neuf ou dix heures, il le reprendra au réveil, vers six ou sept heures ; il lui suffira d'une tétée dans la nuit. Souvent même, l'enfant, que la vue des choses extérieures tient éveillé la plus grande partie du jour, ne se réveille pas de toute la nuit. Dans la journée, un seul sommeil de quelques heures, entre deux tétées, au milieu du jour, à la maison ou à la promenade, suffira.

A mesure qu'il grandit, l'enfant se sèvre lui-même du sommeil comme du lait : semblable en cela au laboureur, il se rapproche de la nature, s'endort dès qu'il est nuit et s'éveille de grand matin. Dans la journée, il préfère bientôt ses jouets à sa sieste.

Le sommeil calme des enfants est proverbial. Il arrive souvent qu'on les voit sourire pendant qu'ils dorment profondément d'ailleurs ; les commères disent « qu'ils rient aux anges » ou qu'ils ont « des tranchées ». Je préfère leur première interprétation, qui est poétique au moins, à l'autre, qu'elles font suivre de l'administration de quelque médecine de leur façon, tout au moins inutile.

Faut-il provoquer le sommeil par le ber-çage ou autrement ? — La pratique du berçage, qui est aussi ancienne que le berceau, est sans utilité pour l'enfant et elle n'est pas sans inconvénients. En effet, ces mouvements oscillatoires et les incantations monotones qui les accompagnent ordinairement créent une habitude qui deviendra une tyrannie parfois. J'en appelle aux mères qui l'ont laissé prendre à leurs enfants. A cet âge, la meilleure habitude, c'est de ne laisser prendre aucune. Ce n'est pas tout. Si on a éprouvé quelquefois le mal de mer ou le vertige qui suit le balancement de l'escarpolette, on comprendra qu'il y ait des inconvénients à provoquer cet état désagréable qui amène des vomissements et qui peut-être n'est pas sans influence sur le cerveau.

Le meilleur et le plus inoffensif de tous les moyens qu'on pourra employer pour endormir l'enfant, si besoin est exceptionnellement, ce sera le sein de sa mère ou de sa nourrice. Le mieux sera de mettre l'enfant dans son lit tout éveillé dès qu'il aura tété, il s'endormira de suite ou il attendra sans pleurer que le sommeil vienne : si on a laissé prendre la mauvaise habitude d'endormir l'enfant sur les genoux, avec un peu de fermeté on l'en corrigera ainsi.

On ne devra pas non plus exciter l'enfant et l'empêcher de dormir quand son heure sera venue, surtout le soir ; car, s'il est vrai « qu'un sommeil appelle un autre sommeil », il est vrai aussi que l'insomnie provoque l'insomnie.

Du réveil. — S'il n'est pas bon de provoquer le sommeil, il ne faut pas non plus l'interrompre : l'enfant doit se réveiller de lui-même, quand il a assez dormi. C'est là suivre la nature. Il y a, je l'ai dit, des enfants engourdis ; ceux-là, on pourra les stimuler, mais le médecin dirigera. Si on veut absolument réveiller un enfant, on le fera avec précaution : on laisse pénétrer un rayon de lumière dans sa chambre, on écarte les rideaux, on lui prend la main et on lui parle doucement, de manière à ne pas le surprendre par un bruit ou un son de voix inaccoutumés. En général, l'enfant est matinal et il faut favoriser cette bonne habitude pour plus tard.

Si l'enfant se réveille trop tôt, on le laissera dans son berceau, après s'être assuré qu'il n'est pas mouillé ; on peut même lui faire satisfaire un besoin s'il est habitué à aller au vase : puis, au lieu d'avancer l'heure de sa tetée, on le laissera reprendre son sommeil ou attendre son réveil.

S'il ne se réveille pas à l'heure habituelle de sa tetée, on n'ira pas pour cela troubler son sommeil ; on attendra qu'il s'éveille naturellement.

De l'atmosphère de la chambre [1]. — J'ai dit que le nouveau-né partageait ordinairement la chambre de sa mère : pendant les premiers jours, les con-

---

[1] Voyez dans mon volume, *la Seconde Enfance*, le chapitre II : « La chambre des enfants ».

seils d'hygiène qui s'appliquent à elle s'appliquent à lui aussi.

Mais il arrive souvent que l'enfant, étant mis au sein d'une nourrice étrangère, a sa chambre à lui, qu'il partage avec sa « *nounou* » : c'est la « *nursery* » des Anglais.

Cette pièce devrait être la meilleure de la maison, tandis que souvent c'est la plus mauvaise, c'est-à-dire celle qui, par son exposition et son exiguïté, ne pourrait servir absolument à rien. Qu'on songe que le nouveau-né y passera plus de la moitié de son temps, et que, lorsqu'il ne pourra sortir, c'est encore là qu'il sera le plus souvent relégué. Si la nourrice n'est pas très soigneuse de sa personne, elle contribuera à faire de cette pièce un endroit absolument insalubre.

Ne pourrait-on pas plutôt placer le nouveau-né dans le salon, qui est la plus belle pièce de la maison, parce que peut-être c'est celle où l'on habite le moins ? Ce salon, placé souvent près de la chambre de la mère, serait à la portée de celle-ci, qui exercerait d'autant mieux une surveillance vigilante.

Que les gens fortunés donnent donc « au roi de la création » une place d'honneur, une grande pièce, bien exposée et bien aérée. Que les autres fassent de leur mieux pour lui assurer l'air pur fréquemment renouvelé qui lui est si nécessaire. J'ai dit, en parlant de l'hygiène de la femme en couches et de la femme qui allaite (page 30), l'importance qu'il y avait non seulement à renouveler l'air, mais encore à ne laisser séjourner dans la chambre ni les déjections, ni les langes souillés, ni aucune odeur bonne ou mauvaise. Le chauffage devra être assuré en hiver par une bonne cheminée, qui, en été, contribuera en partie à la ventilation si on laisse le tablier ouvert. On rejetera les braseros, les poêles roulants et les fourneaux, qui exposeraient l'enfant à l'asphyxie, ainsi que les lampes qui, par leur mauvais fonctionnement ou par la nature du combustible, pourraient répandre une odeur désagréable. On évitera les *veilleuses,* qui répandent dans l'air des produits nuisibles à la santé. Il ne faudra pas que le père fume dans la chambre du bébé, et que la maman, par coquetterie, y laisse séjourner des fleurs. La chambre qui a la meilleure odeur est celle qui ne sent rien.

La température de la chambre du nouveau-né doit être de 15 à 16 degrés. En hiver, on l'obtiendra avec un chauffage suffisant, et on aura un thermomètre que l'on appliquera au mur, au niveau de la couche d'air que l'enfant respire : de cette manière on évitera les tâtonnements et les hésitations.

En été, la cheminée servira à la ventilation pour abaisser un peu la température, si on a la précaution d'en relever le tablier. En toute saison, on aérera la chambre en ouvrant les fenêtres, ou la fenêtre si on n'en a qu'une.

Si l'air est frais, et à plus forte raison s'il est humide et froid, pendant que la pièce sera exposée aux courants d'air qui doivent l'aérer convenablement, on transportera l'enfant dans une autre pièce, et on ne le rapportera dans sa chambre que lorsqu'on se sera

assuré qu'elle a recouvré sa température normale.
Tous ces détails sont importants ; on pourrait les
apprendre par de pénibles expériences. Il serait bon
aussi de supprimer de la chambre d'un enfant les meu-
bles encombrants, les tapis et surtout les tentures...
mais le luxe et la mode l'emportent sur l'hygiène !

La lumière, comme l'air et la chaleur, est nécessaire à l'enfant, mais, dans les premiers jours, on
ménagera ses yeux, qui sont en relation si directe
avec le cerveau, et on le laissera dans une demi-obscu-
rité. On ne l'amènera à la pleine lumière que progressivement. Ce n'est qu'après dix ou quinze jours que
l'enfant pourra la supporter sans dommage et qu'il
en éprouvera du profit.

Quand vous verrez un enfant, bien constitué d'ailleurs, qui reste pâle et bouffi, mou et sans entrain,
dites-vous que cet enfant, semblable à ces plantes
étiolées qu'on fait croître en serre close, vit plus dans
sa chambre qu'au dehors et que cette chambre est
petite ; dites-vous que cet enfant est privé du pain...
de la respiration, de cet « aliment de la vie », que ne
remplaceront ni les remèdes, ni le meilleur lait lui-
même ; dites-vous qu'il lui manque la douce chaleur
du soleil qui apporte la santé dans ses rayons, et
craignez pour lui la réalisation de ce proverbe napoli-
tain : « Où le soleil n'entre jamais, le médecin entre
souvent. »

Couveuses. — Les enfants nés avant terme, voués
jadis à une mort à peu près certaine, sont aujourd'hui
sauvés grâce aux *couveuses*, appareils analogues à

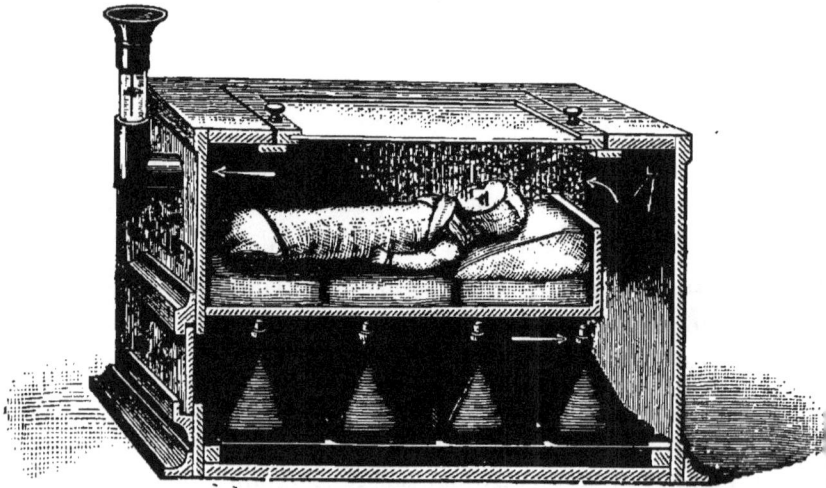

Fig. 17. — Couveuse Tarnier.

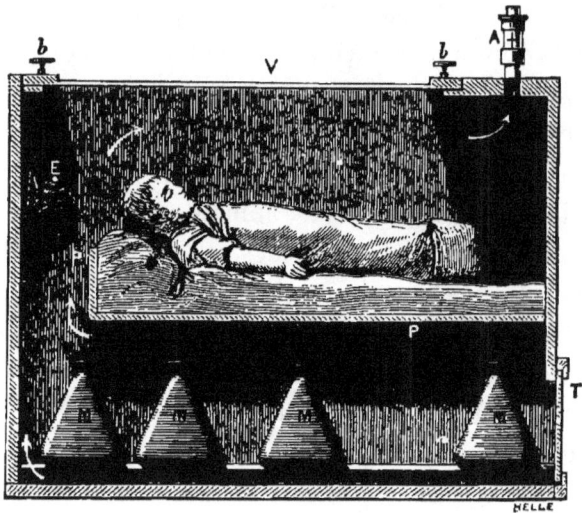

Fig. 18. — Couveuse du Dr Auvard, le nouveau-né dans la
couveuse.

ceux qu'on emploie pour l'éclosion des œufs. Il en
existe de plusieurs sortes (fig. 17, 18, 19). Toutes ont
pour principe de constituer une atmosphère artificielle, chaude et convenablement ventilée, destinée
à protéger l'enfant débile.

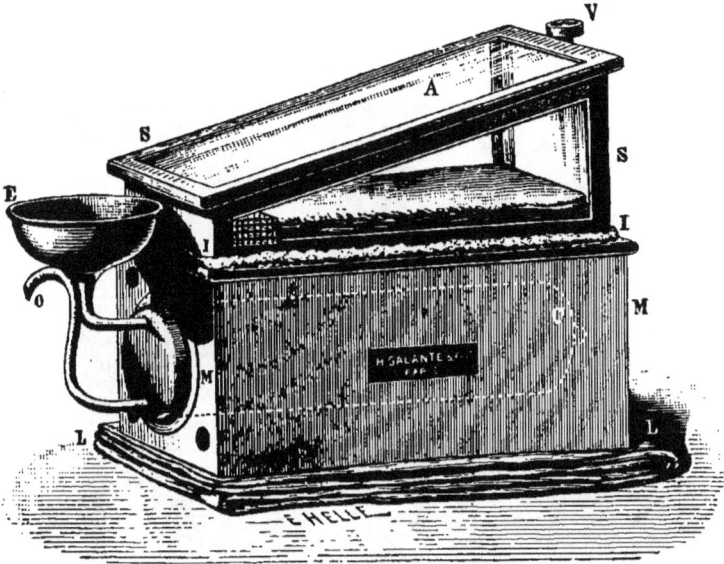

Fig. 19. — Couveuse aseptique.

MM. Rainal ont construit une couveuse qui peut
être complètement désinfectée après qu'un nouveau-
né y a séjourné (fig. 20).

L'emploi de la couveuse comporte des recomman-
dations que le médecin fait en temps et lieu. Dans
cette sorte d'atmosphère artificielle l'enfant est
emmailloté comme dans son berceau. Toutes les deux
ou trois heures, on le retire pour l'alimenter et le

changer, en ayant soin que la température de la chambre soit maintenue à 18°. Pendant ce temps la couveuse est fermée pour qu'elle se maintienne à la température constante de 30° environ.

La durée du séjour dans la couveuse est fixée par le médecin. Elle est ordinairement de quinze jours à un mois. En tout cas ce n'est pas brusquement que

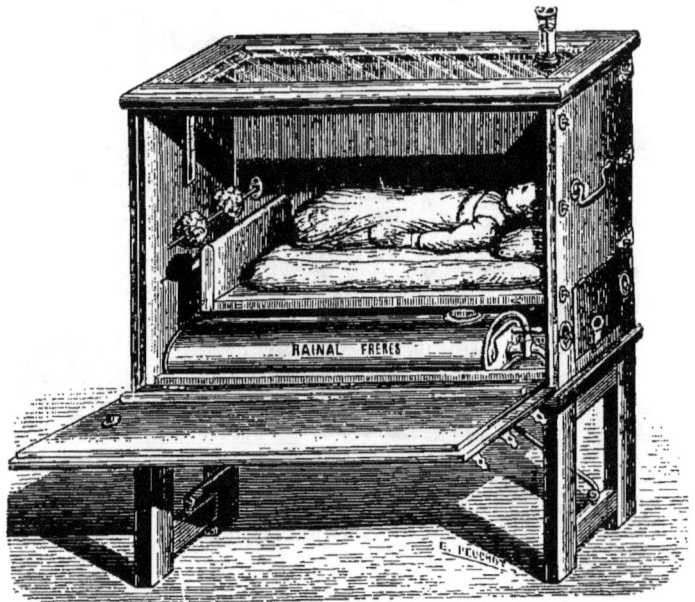

Fig. 20. — Couveuse antiseptique de MM. Rainal frères.

l'on supprime la couveuse, mais après avoir habitué insensiblement l'enfant à l'air de la chambre en le sortant de l'appareil tous les jours un peu plus longtemps. Il est bon de continuer l'usage de la couveuse encore quelque temps pour la nuit, surtout dans la mauvaise saison.

CHAPITRE V

> « Ce devrait être pour nous
> une loi sacrée et inviolable de
> ne pas laisser passer un seul
> jour sans procurer à l'enfant
> cette jouissance si importante
> et si vivifiante. »
>
> (HUFELAND.)

Si l'enfant ne trouve pas dans un appartement, quelque confortable qu'il soit, l'air et la lumière qui lui sont nécessaires, il trouvera l'un et l'autre à la promenade. Là, l'enfant du pauvre n'a rien à envier à celui du riche, puisqu'il jouit comme lui du soleil qui « brille pour tout le monde ». Je demanderai ici aux mères peu fortunées, auxquelles ces avantages sont offerts gratuitement, pourquoi elles n'en font pas plus profiter leurs enfants ?

Des sorties. – Quand aura lieu la première sortie ? — La première sortie ne peut avoir lieu tout de suite après la naissance ; c'est pourquoi on n'est plus obligé à porter le nouveau-né à la mairie pour

faire constater sa naissance dans les trois jours,
comme c'était le cas il y a quelques année, et cela par
tous les temps. Des médecins de l'état civil, nommés
à cet effet, font la constatation à domicile, sans frais
pour les familles. Même en été, il convient d'attendre
la chute du cordon ombilical, c'est-à-dire une semaine
environ. En hiver, elle sera retardée de quatre ou
cinq semaines et aura lieu en plein soleil, au milieu
du jour. Cette première épreuve que l'enfant subira
de l'air extérieur sera courte, d'ailleurs on aura soin
de l'y préparer en le promenant dans l'appartement,
et on protégera en tout temps son visage par un ou
deux voiles, aussi bien contre le soleil que contre le
froid. « Précaution vaut mieux que repentir », dit le
proverbe. Dans les familles fortunées, le nouveau-né
sort en voiture fermée d'abord, porté sur les bras de
sa nourrice.

Ces sorties se renouvelleront tous les jours quand le
temps le permettra ; en été, elle auront lieu matin et
soir, avant et après la grosse chaleur ; en hiver, au
contraire, au milieu du jour. De cette manière, l'enfant
aura un appétit soutenu et des digestions régulières.
Le nouveau-né tettera aussi bien à la promenade qu'à
la maison, et l'enfant sevré sera bien content d'y prendre son goûter. A tout âge, c'est dehors et non au
coin du feu ou à la fenêtre que l'enfant prendra un
teint rose et frais. Le sommeil aussi sera meilleur, il
pourra même avoir lieu à la promenade, car un enfant
qui prospère dort partout, comme il tette partout, et,
de cette façon, il vivra réellement au dehors, surtout

si on règle et si on mesure les promenades d'après la température et non d'après l'horloge.

Comment doit-on porter le nouveau-né?
— Le nouveau-né que l'on promène est ordinairement couché sur un coussin ou directement sur les bras. Plus tard, quand il maintient sa tête et peut la tourner dans tous les sens, on le porte sur un bras, tantôt d'un

Fig. 21. — Enfant bien tenu.

côté, tantôt de l'autre (fig. 21). On évitera la compression des membres de l'enfant en contact avec le corps de la nourrice (fig. 22). Il faut éviter la tendance qu'on a de le porter toujours du même côté, afin qu'il ne prenne pas une attitude vicieuse qui ferait dévier sa

colonne vertébrale. Le bras qui porte l'enfant lui
communique sa chaleur et lui imprime des mouvements qui lui sont utiles ; aussi se trouvera-t-il mieux

Fig. 22. — Enfant mal tenu.

de sortir ainsi que d'être porté dans les promeneuses
en bois ou en osier. Les engins qui immobilisent les

enfants sont bons tout au plus pour favoriser la pa-
resse des nourrices.

Voiture d'enfant. — La voiture d'enfant, dont
on a dit tour à tour du bien ou du mal, a effectivement
ses inconvénients et ses avantages. S'il s'agit d'un
enfant de moins de six mois, il n'y a que des inconvénients, surtout dans la mauvaise saison, à le pousser dans ce véhicule à trois roues bien connu de tout
le monde, et, s'il est assez grand pour marcher, on le
prive d'un exercice salutaire. Entre ces époques extrêmes, s'il s'agit d'un enfant lourd, on pourra l'employer pendant la belle saison seulement pour se
rendre à l'endroit de la promenade, et en tout temps
pour un enfant qu'une maladie articulaire ou osseuse
condamnerait à l'immobilité, et qui aurait besoin cependant de l'air pur et du plein soleil qu'on ne trouve
qu'au dehors. On aurait alors une voiture bien faite,
sur laquelle le malade serait convenablement couché.
En hiver, le jeune enfant est plus ou moins exposé
au froid dans sa voiture, malgré les couvertures et les
bouillottes d'eau chaude, et il gagne souvent des
rhumes ou des fluxions de poitrine de cette façon. Il
y a là, comme en tout, une mesure à garder.

Exercice. — Le mouvement est l'affirmation de
la vie. Le jeune enfant, le nouveau-né même a besoin
de mouvement, et c'est là le plus grand reproche
qu'on puisse faire aux vêtements qui, comme le vieux
maillot, l'immobilisent et le font se refroidir. Les premiers mouvements sont pour ainsi dire indépendants
de la volonté de l'enfant : ce sont des mouvements

qu'on lui fait faire ; mais, après les premiers jours, il agite ses membres, surtout pendant qu'on le change, et, si on lui met de bonne heure le vêtement à l'anglaise, des bas et des chaussons, il continuera à faire aller ses jambes comme ses bras, et il ne pourra qu'y gagner. Bientôt, il cherche à saisir les objets qui sont à sa portée ; on évitera de lui laisser toucher ceux avec lesquels il pourrait se faire du mal. Plus tard, après six mois, quand l'enfant peut se tenir sur son séant, on l'assied par terre sur un tapis ou sur une natte, et on le laisse s'y rouler à son aise ; les premiers ébats le préparent à la marche, qui s'effectue vers un an.

Les premiers pas. — L'enfant commence par se traîner d'un point à un autre, d'un meuble à l'autre ; puis, un beau jour, on le voit se dresser et faire son premier pas. C'est un jour de fête pour la famille, comme la première dent ; mais on se gardera de l'avancer, sous peine de voir l'enfant atteint de déviations ou de déformations des jambes. Un enfant qui marche vers huit ou neuf mois y est exposé comme celui qui n'a pas fait son premier pas à un an et demi ou deux ans.

Des lisières et chariots. — Ne pas favoriser l'emploi des engins qui sont destinés à forcer le moment de la marche. Les lisières seront donc à rejeter comme étant plus nuisibles qu'utiles. Les chariots roulants, de même que les paniers avec lesquels on prétend soutenir l'enfant, ne seront pas employés non plus ; il faut savoir attendre le moment où l'enfant se

dresscra d'instinct, quand ses forces le lui permettront,
et fera de lui-même son premier pas. Il ne faut pas
non plus que les enfants soient suspendus par un

Fig. 23. — Enfant soulevé à tort par un seul bras.

6.

crochet au mur de la maison ou placés en guise de chandelle dans ces espèces de grands chandeliers de bois qu'on retrouve encore dans quelques campagnes, épaves de la routine et de l'ignorance. La seule chose réellement utile à lui permettre, et je dirai même à favoriser chez lui d'abord, c'est le mouvement sur place, dont il bénéficiera sans inconvénient.

Si cependant on veut aider l'enfant qui s'essaie à la marche, on peut le soutenir en le prenant par la robe ou par les deux bras à pleines mains. Je dis par *les deux bras,* car en prenant l'enfant par un seul bras ou par une main (fig. 23), comme on le voit faire imprudemment tous les jours, on s'expose à lui démettre l'épaule ou le poignet, surtout quand on le soulève pour lui faire sauter un obstacle.

Quand les enfants commencent à marcher, on mettra des barrières aux escaliers et aux cheminées pour qu'ils ne tombent pas dans le vide ou dans le feu.

Des voyages. — Les enfants envoyés en nourice au loin, par tous les temps, souffrent plus qu'on ne pense du froid, de la longueur du voyage, du cahotement, de la poussière, sans parler des mille inconvénients de la route.

Un enfant déjà âgé de quelques mois supporte cependant bien les voyages en voiture ou en chemin de fer, porté dans les bras, ou même, si le trajet est long, installé sur un hamac que l'on tend aisément dans un wagon. Si on le préserve du froid et de la poussière, il s'endormira aussi paisiblement que dans son lit, bercé par le mouvement du train.

L'enfant a besoin d'air et de soleil. — En comparant l'enfant élevé à la ville à celui qui vit à la campagne, on voit combien est utile le « bain d'air », le « bain de soleil », si on peut parler ainsi. L'enfant des villes est généralement pâle et chétif; l'enfant qui vit aux champs, avec moins de confort, a le teint coloré et une constitution incomparablement plus forte.

Que les parents riches aient donc un jardin, que les autres portent ou conduisent leurs enfants à la promenade, que tous, s'ils habitent la ville, les amènent de temps en temps à la campagne ou à la mer. « Comme on fait son atmosphère, on respire », et, ainsi que l'a dit Michelet, « de toutes les fleurs, la fleur humaine est celle qui a le plus besoin de soleil. »

TROISIÈME PARTIE

DE L'ALIMENTATION PENDANT LA PREMIÈRE ENFANCE

CHAPITRE PREMIER

DU LAIT. — DE L'ALLAITEMENT.

O jours heureux du cœur et du bon sens,
Où chaque mère, élevant ses enfants,
Ne laissait point aller à l'aventure
Ce devoir saint qu'impose la nature!

(Ponsard.)

Le premier aliment de l'enfant, celui que la nature lui a destiné, c'est le lait, et j'ajoute le lait de sa mère ou, à son défaut, celui d'une autre femme. « Heureux l'enfant qui puise sa première nourriture au sein de sa mère ou d'une bonne nourrice ! La santé et la vigueur deviennent son partage pour le reste de sa vie. » C'est, en effet, le meilleur, le seul aliment qui lui convienne, le seul qui soit parfaitement adapté à la faiblesse et à l'imperfection de ses organes (¹). Comme le dit le Dr J. Simon, « le lait est la raison du développement de l'enfant quand il est sain ; c'est le remède quand il est malade ».

Le lait est, en effet, l'aliment simple et complet par excellence, l'intermédiaire naturel et progressif entre le sang, dont il diffère peu dans sa composition, et les autres aliments plus complexes. En suivant la voie tracée par la nature, qui procède toujours par degrés, on devra donc donner le lait jusqu'à ce que l'enfant puisse prendre autre chose, et, dans le choix de son alimentation ultérieure, éviter tout changement brusque de régime. Si on ne le fait pas, des indispositions et des maladies constitutionnelles, pour ne pas parler de la mort, viendront rappeler aux intéressés qu'on ne déroge pas impunément aux règles de la nature.

D'ailleurs, cet aliment, qui, comme je l'ai dit, est à la fois simple et complet, subit des modifications de qualité et de quantité, suivant les besoins de l'enfant. Le premier lait (colostrum) est non seulement

---

(¹) Chacun comprend que la muqueuse qui tapisse l'estomac et l'intestin est plus vulnérable chez le nouveau-né que chez nous, qui ne pouvons pas, néanmoins, avaler impunément des mets irritants et indigestes. Ne pas oublier que les fonctions de la digestion sont rudimentaires à la naissance. Ainsi, quand on a voulu essayer de donner à des nouveau-nés une alimentation plus abondante que ne le comportaient leurs besoins, en les mettant au sein de nourrices accouchées depuis longtemps, le résultat a été défavorable. C'est que le pouvoir digestif d'un enfant d'un jour n'est pas approprié à une grande quantité de nourriture.

peu abondant, mais il est en réalité une médecine qui aide le nouveau-né à se débarrasser de son méconium, c'est-à-dire des premières matières intestinales. Bientôt, cette eau lactescente des premiers jours devient un lait progressivement plus nourrissant, dont la quantité augmente parallèlement aux besoins de celui auquel il est destiné et dont les succions mêmes sollicitent la production.

Ce merveilleux enchaînement de choses qui s'harmonisent si bien ne devrait-il pas nous engager à suivre la nature au lieu de nous en écarter ? Le lait contient à l'état élémentaire tout ce qu'il faut pour nourrir et faire croître l'enfant ; il est composé *grosso modo* d'une matière grasse, le beurre ; d'une matière sucrée, le sucre de lait ou lactine ; d'une matière albuminoïde, la caséine ; et de sels. C'est, en d'autres termes, de l'eau qui contient du beurre, de la caséine, du sucre et des sels ([1]).

L'enfant devra donc commencer par être nourri de lait. On partira de ce principe que le lait de femme est le meilleur, et celui de la mère supérieur à celui d'une nourrice. Que la mère nourrisse son enfant quand cela se peut. C'est là l'allaitement naturel par excellence, celui qui assure le mieux la santé et la prospérité de l'enfant, celui qui le protège

---

([1]) Pour le lait, voir *Le Lait*, par Rouvier. Paris, 1893, le *Dictionnaire de médecine domestique*, à l'usage des familles, du Dr Bonami. (J.-B. Baillière.) Voir également mon volume : *Hygiène alimentaire des Enfants*, 1 volume de la collection Charcot-Debove.

le mieux contre les périls que court l'enfance. Si la mère ne peut pas ou... ne veut pas nourrir son enfant, elle devra lui donner une nourrice, et, à son défaut, elle pratiquera l'allaitement artificiel au moyen du lait d'un animal domestique. Il y a des femmes qui donnent le sein le jour ou la nuit et qui, dans l'intervalle, pratiquent l'allaitement artificiel ; c'est alors l'allaitement mixte.

Ce sont ces divers modes d'allaitement, naturel, artificiel, mixte, avec les modifications qu'ils comportent, que je passerai en revue en décrivant successivement : 1° l'allaitement maternel ; 2° l'allaitement par une nourrice, chez la mère ; 3° l'allaitement par une nourrice, loin de la mère ; 4° l'allaitement artificiel au pis de l'animal ; 5° l'allaitement artificiel au biberon ; 6° l'allaitement mixte.

1. — ALLAITEMENT MATERNEL.

La véritable nourrice, c'est la mère ; il y a longtemps que les philosophes et les médecins s'accordent à le dire. Les uns proclament que « c'est la réponse au vœu de la nature » et s'écrient :

A quoi bon ce sein blanc sans cette lèvre rose ?

les autres affirment que c'est le meilleur, le seul moyen d'avoir des enfants vigoureux. Combien ne serait-il donc pas à désirer que la femme qui, dans la première étape de la maternité, a nourri son enfant

de son sang, pût, dans la seconde, le nourrir de son
lait! Pour qu'une femme allaite son enfant, il faut
cette détermination volontaire, cet élan spontané qui
ne calculent ni les fatigues, ni les sacrifices, qui ne
voient que le noble but à atteindre et la douce satisfaction qui y est attachée. Cette détermination, cet
élan, ce n'est pas le médecin qui peut les faire naître,
car même, si on lui demande parfois son avis sur le
mode d'allaitement à adopter, c'est après qu'on
a déjà décidé en famille que la mère ne nourrirait
pas.

**Avantages pour la mère d'allaiter son
enfant.** — Il est d'observation que la femme qui
nourrit son enfant se rétablit plus promptement de
ses couches que celle qui se soustrait à ce devoir,
laquelle est plus exposée à des accidents et à des
misères, pour ne pas dire à des maladies graves. Je
ne veux pas évoquer ici le préjugé suranné du « lait
répandu », qui, à en croire les matrones, serait « capable de tout ». En détruisant l'harmonie, en rom-
pant le lien qui unit étroitement la grossesse et
l'allaitement, on crée chez la femme un état anormal
dont on ne peut prévoir les conséquences. La femme
qui allaite ne redevient pas enceinte tout de suite, sa
matrice se repose, et elle n'est pas exposée aux accidents qui suivent les grossesses trop rapprochées.

Il y a encore un côté moral : « Celle qui nourrit,
dit un adage latin, est plus mère que celle qui a
enfanté », et on lit dans Tite-Live que Gracchus,
rentrant victorieux dans Rome, trouvé sur les rem-

parts sa mère et sa nourrice ; c'est dans les bras de cette dernière qu'il se jette d'abord, et il lui donne un riche collier d'or, tandis qu'il n'offre à sa mère qu'un simple anneau d'argent. Je livre ce fait, qui n'est pas isolé dans l'histoire, à la méditation, non des véritables mères qui veulent nourrir malgré tout, mais à celles qui y renoncent trop vite, et je leur demande si elles ne redoutent pas, en confiant leur enfant à une autre femme, un déplacement d'affection au profit de celle-ci ?

On prétend, et on a raison, que l'allaitement comporte des fatigues, des renoncements, des sacrifices. — Les fatigues, la plupart des femmes ne les accusent même pas ; quelquefois leur santé, qui était débile, s'affermit pour toujours. Quant aux renoncements et aux sacrifices, ils ne devraient pas entrer en ligne de compte, si on apprécie les privilèges et les joies qui les accompagnent et qui en sont les douces compensations.

Sa première tendresse et son premier baiser
Montent comme un parfum au front pur de sa mère.

J'en appelle aux personnes qui en ont fait l'expérience : n'est-il pas certain que la présence d'une nourrice étrangère dans la maison donne lieu à plus d'ennuis et aux mêmes renoncements ? La mère véritable s'occupera-t-elle moins de son enfant parce qu'elle est privée de lui donner son lait que sa nature lui refuse ? Ne sentira-t-elle pas un peu plus, si possible, le devoir d'apporter aux autres soins une plus grande sollicitude ?

Le nourrisson sera un jour sevré, le lait sera remplacé par des aliments plus appropriés à l'enfant qui grandit, mais les soins maternels ne cesseront pas, ils ne changeront pas, et j'affirme que jamais ils ne seront donnés par qui que ce soit aussi bien que par la mère. Comme l'a exprimé J.-J. Rousseau, « l'enfant a-t-il moins besoin des soins de sa mère que de sa mamelle? D'autres femmes, des bêtes même, peuvent lui donner le lait qu'elle lui refuse... la sollicitude maternelle ne se supplée point. »

Avantages pour l'enfant d'être allaité par sa mère. — Le lait de la mère est pour son enfant, et on s'étonne qu'il s'en trouve qui acceptent d'abandonner leur propre enfant et d'aller donner ou plutôt vendre leur lait, *son lait,* à d'autres. L'enfant fortuné, auquel on donne ce fait mercenaire en compensation de celui que sa mère lui refuse ou qu'elle n'a pas, n'en bénéficie pas autant qu'il le ferait de celui qui, dans l'ordre naturel des choses, lui était destiné. Il doit certainement y avoir entre la mère et l'enfant, entre le sang de l'une et de l'autre, un lien plus étroit qu'on ne pense ; et si j'ai pu, rappelant l'aphorisme d'Hippocrate, dire : « L'enfant, dans la matrice, s'identifie tellement avec la vie de sa mère, que la santé de l'un fait la santé de l'autre », ne puis-je pas dire que l'enfant au sein s'identifie dans une certaine mesure à celle qui le nourrit? Je touche là à une question brûlante; il semble que je donne la main de loin aux préjugés qui veulent que les goûts et les penchants d'une nourrice, ses défauts et ses qualités, se transmettent par le lait au nourrisson, et je m'arrête prudemment ; mais qui ne sait que les maladies de la nourrice se communiquent à l'enfant, et certaines d'entre elles de l'enfant à la nourrice ?

Conditions que doit remplir une femme qui veut nourrir son enfant. -- Une mère syphilitique devra allaiter elle-même son enfant ou employer l'allaitement artificiel, plutôt que d'exposer une nourrice étrangère et toute sa famille à cette maladie ([1]).

Si une mère est simplement menacée d'une maladie de poitrine, et à plus forte raison si elle est manifestement poitrinaire, elle devra renoncer à allaiter son enfant. De même la plupart des maladies chroniques sont une contre-indication à l'allaitement (maladies des reins, du cœur, etc.)

Une femme atteinte de faiblesse originelle ou acquise devra également renoncer à l'allaitement, de même qu'une femme nerveuse et, à plus forte raison, hystérique ; une femme trop anémique ou sujette à des troubles digestifs, de même : toutes ces femmes s'exposeraient à « brûler la bougie par les deux bouts », sans avantage pour l'enfant ; et d'ailleurs,

---

([1]) Si une nourrice accepte d'allaiter un pareil enfant, après l'avoir loyalement prévenue, les familles feront bien de stipuler *par écrit* des conventions qui les mettront à l'abri de réclamations ultérieures.

quel lait et quels soins des malades pourraient-elles donner?

Une femme trop vieille ou trop jeune n'aura pas assez de lait ; toutefois l'essai peut être tenté. Quant aux apparences de maigreur ou d'anémie de certaines femmes, elles ne seront pas toujours un obstacle à l'allaitement, qui parfois leur est salutaire. Le médecin sera juge.

Je n'ai rien dit des conditions sociales qui, pourtant, jouent un grand rôle dans la détermination de la femme à nourrir ou à ne pas nourrir.

Une femme mondaine qui ne voudra pas sacrifier ses plaisirs, ni s'astreindre à ses nouveaux devoirs ; une ouvrière obligée de gagner le pain de ses autres enfants ; une femme dont la présence est indispensable à son magasin ou à ses affaires ; les femmes en service, etc., toutes ces femmes auront évidemment des *impedimenta* et n'élèveront pas elles-mêmes leurs enfants. Dans ces cas, on peut choisir, comme moyen terme, l'allaitement mixte, dont je parlerai plus loin.

Enfin, comme toujours les extrêmes se touchent, le désir même d'allaiter, s'il est immodéré, peut devenir un empêchement par la perturbation qu'il produit dans cette fonction. S'il y a des femmes qu'il faut pousser à ce devoir, il en est qu'il faut retenir. Oui, il y a des mères que leur excès de zèle emporte et arrête, qui n'arrivent point à faire de bonnes nourrices, parce qu'elles veulent trop faire, et qui sont forcées de cesser l'allaitement dans l'intérêt de leur enfant et dans le leur.

Pendant la grossesse, à la fin, surtout, une femme qui veut nourrir doit préparer le bout de ses seins et les rendre saillants. Il y a des seins mal conformés dans leur ensemble et surtout dont le mamelon est, par une vicieuse disposition, un obstacle à l'allaitement. C'est le médecin qui jugera dans chaque cas particulier que je ne puis examiner ici.

Je résume ma pensée dans ces mots :

Lorsqu'une femme de 18 à 35 ans n'est pas atteinte de maladie pouvant se développer par l'allaitement, ce dont le médecin jugera ; lorsque sa santé et sa position sociale ne s'y opposent pas absolument, si l'état des seins le permet, elle fera bien d'allaiter elle-même son enfant.

La femme qui veut nourrir doit commencer à son premier enfant. — Une femme qui veut nourrir devra commencer à son premier né, sinon il arrivera que l'affection pourra se répartir inégalement sur les enfants ; il y aura une part plus large pour ceux dont la mère aura aussi été la nourrice. Si une femme qui a eu déjà un enfant a essayé en vain, elle n'aura guère de chances de réussir plus tard, à moins que les causes qui empêchaient l'allaitement n'aient disparu. Sans parler des conditions sociales qui ont pu changer, il pourrait y avoir le jeune âge, l'anémie ou un mauvais état des seins, etc. ; autant de circonstances qui ont pu se modifier à son avantage.

La mère aura toujours le droit et le devoir de faire une tentative qui a souvent été couronnée de succès. Si elle ne peut pas continuer, elle en sera quitte pour abandonner la partie, le changement de lait n'ayant aucun inconvénient, — malgré le préjugé si répandu qu'il est dangereux pour l'enfant de changer de nourrice.

Quand pourra avoir lieu la première tetée? — On a décidé que l'enfant serait nourri par sa mère, et je serais heureux d'avoir, par les lignes qui précèdent, aidé à prendre une décision qui fait honneur à l'une et qui assure à l'autre le lait et les soins maternels ; il s'agit de savoir quand l'enfant tettera pour la première fois. J'ai dit, en parlant de l'hygiène de la femme qui allaite, pourquoi cette première tetée ne devait pas être trop avancée ni trop retardée, et nous avons convenu que, lorsque la mère serait un peu reposée de ses fatigues, quelques heures après l'accouchement, on pourrait présenter l'enfant au sein. Un préjugé ancien voulait que *le premier lait fût nuisible au nouveau-né ;* au contraire, il l'aide singulièrement à se débarrasser de son méconium, et il vaut mieux que les sirops de chicorée ou autres, que les matrones lui donnent invariablement.

En attendant sa première tetée, le nouveau-né n'a besoin de rien, et c'est à tort qu'on le gorge d'eau sucrée, aromatisée avec de la fleur d'oranger. Tout au plus peut-on réserver cette pratique pour le cas où on attend une nourrice qui vient de loin. Il vaut mieux, alors même, donner de l'eau sucrée teintée de lait.

Difficultés qui se présentent pendant les premières tetées. — La jeune mère entre dans la

voie des renoncements et des sacrifices, des fatigues
et des exercices de patience ; mais aussi elle compte
sur les compensations promises. Les premières tetées
sont parfois difficiles pour l'enfant et douloureuses
pour la mère : on dit qu'il « rompt les fibres ». Soit,
il y a du vrai ; mais si les femmes ont, comme je l'ai
indiqué, préparé les bouts de leurs seins pendant les
derniers mois de la grossesse, elles n'auront pas ces
souffrances du début de l'allaitement.

Quant à l'enfant, il ne demande qu'à suivre l'instinct de la succion qu'il apporte en naissant et qui est
si impérieux qu'il s'applique à l'exercer sur tous les
objets qui viennent toucher ses lèvres. S'il ne pouvait
pas teter, comme cela se voit quelquefois, on en cher-
cherait la cause. Les matrones croient toujours qu'il
a « le *filet* », et, si on les laissait faire, elles trouve-
raient moyen de le couper chez tous. Le filet n'existe
que rarement, et le médecin ne s'y méprendra pas.
Si l'enfant peut librement exercer la succion et si le
sein de la mère s'y prête, tout va bien. C'est le cas si
la femme a déjà eu des enfants qu'elle a nourris ; mais
si elle est à ses débuts, qu'elle s'arme de patience
et de courage, et elle verra le succès couronner ses
efforts.

**De quelques précautions à prendre pour
les tetées.** — Comme l'enfant reste souvent, dans
les premiers jours, un bon moment au sein, il faudra
que la mère prenne une position commode. Pendant
qu'elle est encore dans son lit, penchée sur un côté,
elle couche l'enfant le long de son corps (fig. 24) ;

mais, une fois rétablie, elle se tiendra assise, le dos
et les reins bien appuyés, et elle aura l'enfant placé
en travers de sa poitrine, la tête un peu plus élevée
que les pieds (fig. 25), dans une position qui ne
fatigue ni elle ni l'enfant. Une chaise basse avec un
dossier droit conviendra mieux que tout autre siège.
Avant de donner le sein elle lave le mamelon, et

Fig. 24. — Position de la mère qui fait teter son enfant les
premiers jours.

comme elle voit la peine que le petit être éprouve à
prendre le sein, elle doit, appuyant légèrement un ou
deux doigts sur la mamelle, faire saillir le bout, l'hu-
mecter, le placer entre les lèvres de l'enfant, et forcer
quelques gouttes de lait à tomber dans sa bouche. Ce
sera un moyen d'exciter les succions qui à leur tour

feront monter le lait. Ne pas placer le mamelon sous
la langue ; mettre l'enfant peu souvent au sein les
premiers jours ; ensuite, quand le lait est bien monté,
tâcher qu'il en prenne le plus possible. Certains enfants ne veulent pas prendre le sein ; il est parfois

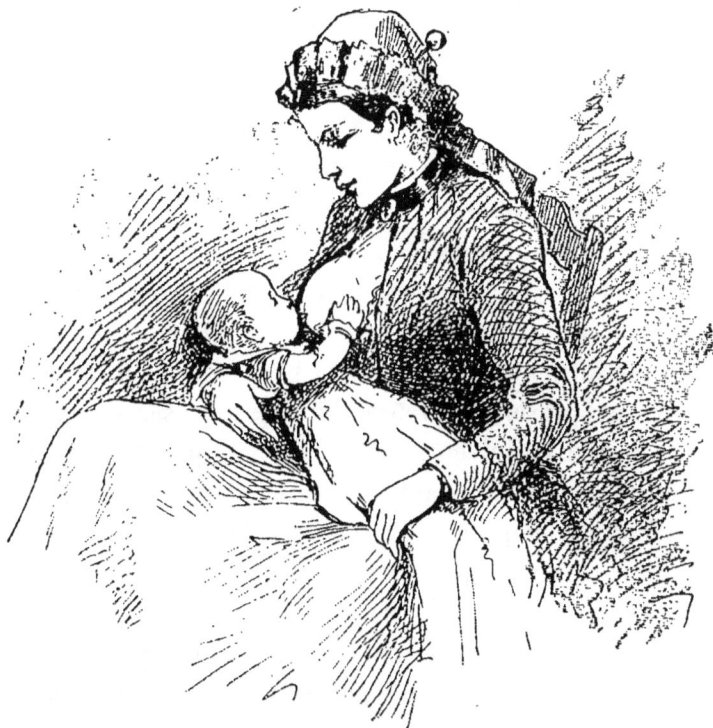

Fig. 25. — Position de la nourrice qui fait teter un enfant.

difficile d'y arriver ; mais, avec de la patience, du
courage et de la persévérance, on y réussira. Si le
nourrisson est débile et impuissant à teter, la mère

7,

ou la garde feront couler le lait dans une cuiller, et toutes les heures lui en feront prendre environ deux ou trois cuillers à café : après deux ou trois jours, le nouveau-né, stimulé à teter, prendra le sein tout seul. Si le lait vient trop vite, on appliquera les doigts entre le sein et le mamelon de manière à modérer le courant. La mère devra bien distinguer si son enfant tette et avale réellement, ou s'il ne se contente pas de sucer ; s'il s'endort avant d'avoir fini son repas, elle le réveillera, l'excitera un peu, et ne le remettra dans son berceau qu'après avoir acquis la certitude qu'il a assez pris. En aucun cas, il ne faut le laisser s'habituer à dormir dans les bras.

Après la tetée, ne pas oublier de laver les lèvres de l'enfant avec de l'eau tiède et un linge fin, comme il a été dit pour le mamelon, et pour les mêmes raisons. Si l'enfant semble préférer l'un des deux seins, comme cela arrive souvent, on commence, quand il a bien faim, par donner l'autre. Si on ne donnait pas également les deux, celui qui serait délaissé finirait par avoir moins de lait. C'est en général le gauche qu'on a la tendance à donner plus volontiers, de même qu'on porte plus aisément l'enfant sur le bras de ce côté.

Si les seins ne sont pas bien vidés par un enfant qui, né avant terme, a moins de besoins, le lait finit quelquefois par se passer.

De la réglementation des tetées. — Pendant les premiers jours de sa vie, l'enfant, surtout celui qui prend mal un mamelon défectueux, réclame souvent le sein, et il est difficile qu'il en soit autrement. On ne doit pas l'y laisser suspendu tout le temps ni non plus le faire pâtir. Ici comme partout, la sagesse impose un juste milieu. La plupart des mères, n'écoutant que leur tendresse maternelle, donnent à leur nourrisson, et cela à tout âge, aussi souvent qu'il semble le désirer. Il est préférable de donner à des intervalles aussi réguliers que possible, et seulement un certain nombre de fois par vingt-quatre heures. Pendant les premières semaines, la chose est difficile, attendu que l'enfant dort mal, et on est entraîné à le faire teter plus tôt que l'heure réglementaire, à moins qu'on ne préfère l'exposer à pleurer, crier et se donner une hernie, des convulsions, ou une congestion pulmonaire. Il faut cependant arriver à régler le régime d'un nourrisson tout comme le nôtre, et ne pas le laisser au sein en permanence. Il y a dans cette méthode des inconvénients et pour la mère et pour l'enfant. La mère n'a d'abord pas de repos, surtout ce repos de la nuit, qui lui est indispensable; ensuite, son lait n'a pas le temps de se renouveler en quantité suffisante pour un véritable repas.

L'enfant lui-même ne digère pas bien son lait qu'il prend sans intervalle et sans mesure; s'il en prend trop, il le rend, et son estomac est vide; s'il en prend trop peu, il réclame à chaque instant le sein. On doit de bonne heure régler les enfants, c'est-à-dire sans décréter *a priori* qu'un nouveau-né ne prendra qu'à telle heure, quoi qu'il arrive, il faut lui donner, après les premiers jours, qui sont souvent un peu difficiles à passer, l'habitude de prendre toutes les heures et demie ou toutes les deux heures. On ne doit pas le réveiller pour cela et on se dirigera d'après ses besoins, qu'il saura bien manifester d'ailleurs. S'il crie trop vite après sa tetée, il n'y a pas grand inconvénient à le laisser un peu pleurer, quand on a acquis la certitude qu'il a fait un repas suffisant. Soit un enfant qui est élevé au sein de sa mère, voici à peu près la conduite à suivre pour les repas :

Le premier jour, une tetée. L'enfant prendra successivement les deux seins cinq à six heures après l'accouchement.

Le second jour, deux ou trois tetées, des deux seins également.

Le troisième jour, trois ou quatre tetées. (C'est le jour de la montée du lait.)

Les jours suivants, le lait étant monté, une tetée toutes les deux heures le jour et seulement toutes les trois ou quatre heures la nuit. Et on marchera ainsi pendant trois mois. *Vers le quatrième mois,* l'enfant ne prendra que toutes les trois heures le jour et toutes les cinq ou six heures la nuit, soit une fois. A *six mois* révolus on pourra remplacer une tetée par une soupe. A sept ou huit mois, si l'enfant est fort, il pourra prendre deux petites soupes dans la journée à la place de deux tetées et se sevrer de lui-même la nuit. Prenant le sein vers dix heures du soir, il ne se réveillera qu'au matin et il tettera alors.

Dans le troisième semestre l'enfant sera sevré au moment opportun.

On voit que l'enfant fera en tout huit ou dix tetées

par vingt-quatre heures dans les premiers mois, et cinq ou six après. Loin de souffrir de cette réglementation, il prendra de lui-même une habitude salutaire, comme il en prendrait une mauvaise ; au besoin, on y mettra un peu de fermeté en se disant que les enfants mal réglés ne sont jamais forts.

Signes d'un allaitement qui réussit bien. — Il est important de savoir, à un moment quelconque de l'allaitement, reconnaître si un nourrisson prospère. Les parents trouvent toujours leurs enfants plus beaux et plus forts que ceux de tout le monde, c'est naturel. Les nourrices soulèvent le baby et le mettent dans les bras de la mère d'une certaine façon pour faire voir qu'il est « plombant », comme elles disent. Quand un enfant prospère, il a une expression de gaieté qui est particulière à cet âge, — il est vif, ses yeux ont de l'éclat, sa figure est bien remplie, et ses joues fermes. Il a le corps volumineux et la peau tendue, les fesses saillantes, dures et parsemées de fossettes rouges marbrées.

Son appétit est égal et régulier. Si on l'observe quand il tette, on le voit faire quelques succions, puis s'arrêter quand, la bouche étant pleine, il veut avaler, et alors il fait entendre un petit bruit bien connu de *glou,* il se repose quelques secondes et recommence. Si la nourrice ou la mère ont peu de lait, ce phénomène ne se reproduit pas avec régularité, et l'enfant, qui se lasse à une besogne infructueuse, s'arrête et s'endort au sein. Si, au contraire, le lait est abondant et vient facilement, l'enfant avale à chaque succion et il est vite repu. On voit aussi alors le lait couler de chaque côté de sa bouche.

Le repas insuffisant est suivi d'un semblant de sommeil ; au contraire, l'enfant satisfait dort pendant deux ou trois heures, c'est-à-dire jusqu'au repas suivant. Dix à quinze minutes suffisent à un enfant pour se satisfaire à un sein qui est plein, et une demi-heure n'est pas assez quand on le met à un sein qui est vide ; d'ailleurs, il s'y endort vite, en général, dans ce cas, parce qu'il s'y fatigue en vain.

Si l'enfant prend trop, il vomit, de même que s'il prend du mauvais lait, aussi ; dans le premier cas, ce sont des régurgitations qui ne l'empêchent pas de prospérer et qui ne font que le débarrasser du trop-plein de son estomac. Dans le second, il entre dans un mauvais chemin, duquel le médecin aura souvent de la peine à le tirer.

Les garde-robes de l'enfant qui prospère sont d'un beau jaune clair (je ne parle pas des premières matières que rend le nouveau-né, qui sont d'un vert noir). Elles sont homogènes, semblables à des œufs brouillés, ayant la consistance d'une bouillie épaisse, sans odeur (1). Elles viennent deux à quatre fois par vingt-quatre heures, moins souvent après les premiers mois.

Si elles ont lieu sept ou huit fois et plus, c'est la diarrhée, qui indique un mauvais régime. S'il n'y a pas de garde-robe sans moyens artificiels, c'est alors la

---

(1) L'odeur putride qui accompagne des évacuations normales est un indice que l'enfant prend autre chose que du lait ; par exemple, du bouillon, des œufs, etc.

constipation, qui tient à un lait trop nourrissant ou insuffisant.

Si les garde-robes et les urines sont abondantes et dans des conditions convenables, les autres signes de l'allaitement normal étant réunis, on est fixé sur

Fig. 26 — Barcelonnette pèse-bébé.

les qualités de la nourrice et sur la prospérité du nourrisson.

Des pesées. — Dans ce cas, à la rigueur, la balance n'a pas à intervenir. Mais il en est d'autres où

il est nécessaire de ne pas se contenter d'un à peu
près ; aussi, depuis quelques années, l'usage se
répand-il de peser les enfants, tant pour juger de
leurs progrès par jour, par semaine ou par mois, que
pour se rendre compte de ce qu'ils prennent par tetée ; ce qui permet, d'autre part, de juger des qualités de la nourrice.

Il faut savoir que le poids moyen d'un enfant naissant est de six à sept livres. — Vers cinq mois envi-

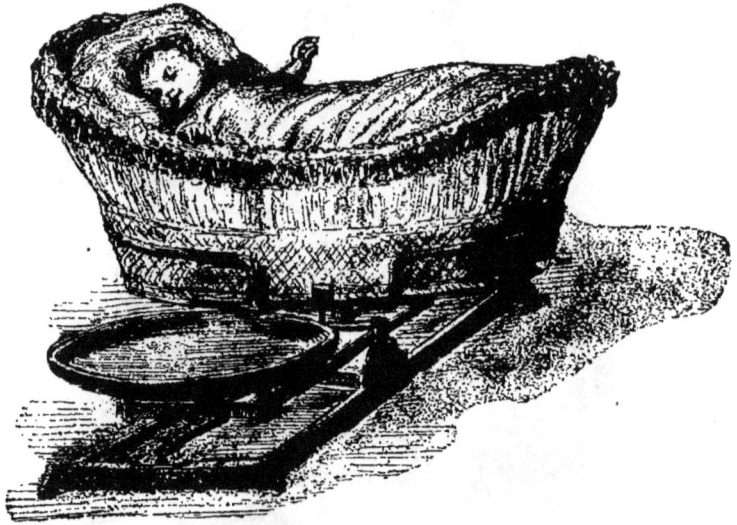

Fig. 27. — Berceau « moïse » pèse-bébé.

ron, ce poids est de quatorze livres, et au sevrage,
vers seize ou dix-huit mois, ce poids est encore doublé.
Tout cela, du reste, est approximatif.

Quand on veut peser le nouveau-né, après l'avoir
soigneusement lavé et essuyé, on le met dans le ber-

ceau dont on a pris le poids (fig. 26 et 27), que l'on déduit du poids total pour avoir le poids net.

Si on a pesé le nouveau-né dès sa naissance, on verra qu'il perd environ 100 grammes dans les deux premiers jours : le premier jour, il perd 65 grammes, et, 35 le second ; puis il commence à reprendre le troisième, et, du quatrième au septième jour, il rattrape son poids initial.

L'augmentation est un peu plus sensible pour les garçons que pour les filles pour les enfants nourris au sein d'une bonne nourrice que pour ceux qui sont au sein de leur mère récemment accouchée. Voici à peu près les augmentations mensuelles :

Tableau des augmentations mensuelles.

DATES	SUTILS	BOUCHAUD	ODIER
Poids initial.	3 k. 000	3 k. 250	3 k. 500
1er mois. .	750	750	750
2e — . .	700	700	750
3e — . .	650	650	750
4e — . .	600	600	750
5e — . .	550	550	750
6e — . .	500	500	450
7e — . .	450	450	450
8e — . .	400	400	450
9e — . .	400	350	390
10e — . .	350	300	300
11e — . .	350	250	300
12e — . .	300	200	300
TOTAL . . .	9 k. 000	8 k. 950	9 k. 800

On a inventé plusieurs pèse-bébé et même des ber-ceaux qui font corps avec la balance. Le pèse-bébé de Galante (fig. 28, 29, 30) est très simple ; d'ailleurs, toutes les balances qui sont justes conviendront : on pratiquera les pesées toujours dans les mêmes circonstances, car le moindre vêtement de plus ou de moins exposerait à des erreurs sensibles. Les familles qui ne voudront pas se procurer un de ces pèse-bébé pourront recourir simplement à leur épicier ou à leur boulanger, qui savent parfaitement faire l'opération.

Fig. 28. — Pèse-bébé de Galante.

Quand l'enfant a retrouvé le poids qu'il avait à la naissance, il

commence à croître, et, en général, ainsi qu'on
le voit dans le tableau ci-dessus, il gagne 25 à
30 grammes par jour, 170 à 200 grammes par
semaine, et 750 à 800 grammes, en chiffres ronds,
par mois. Ces nombres sont approximatifs, et ils varient avec les enfants et, dans les premiers jours,
suivant qu'ils sont au sein de la mère qui vient d'accoucher ou d'une nourrice dont le lait est déjà
abondant.

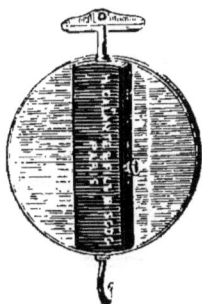

Fig. 29. — Cadran du   Fig. 30. — Cadran du
pèse-bébé de Galante   pèse-bébé de Galante
vu de derrière.   vu de face.

Pendant les trois premiers mois, l'enfant gagnera
environ 25 grammes par jour, pendant les trois mois
suivants 20 grammes par jour ; puis 15 pendant le
troisième trimestre, et 10 pendant le quatrième. Toutefois, tant qu'un enfant gagne peu ou beaucoup, il
ne dépérit pas, et on n'aura pas à se tourmenter. S'il
dépérit véritablement, ce que la pesée indiquera
mieux que tout, il faudra améliorer le régime de la
nourrice ou la changer.

Veut-on connaître la quantité de lait que prend un

enfant par tetée ou par jour? On le pèse avant et après la tetée ; on renouvelle cette double opération chaque fois qu'il est mis au sein dans les vingt-quatre heures, et on prend la moyenne. J'insiste sur cela, parce qu'une pesée isolée ne signifierait rien absolument, attendu que la quantité de lait prise pendant deux tetées consécutives varie souvent du simple au double.

Voici d'ailleurs un tableau où on trouvera quelques données sur la quantité de lait prise par tetée et par jour, l'enfant étant bien portant et au sein d'une nourrice :

Poids du lait que prend un enfant par tetée et par jour au sein d'une nourrice.

JOURS ET MOIS	PAR TETÉE	PAR 24 HEURES
	gr.	gr.
Premier jour (dix repas). . . .	5	50
Deuxième jour —	10	100
Troisième jour —	15	150
Quatrième jour —	20	200
Cinquième jour —	25	250
Sixième jour —	30	300
Jusqu'à un mois..	60	600
Deuxième mois (neuf repas). . .	75	650
Troisième mois (huit repas). . .	90	700
Quatrième mois (sept repas). . .	100	750
Cinquième mois..	120	800
Sixième mois..	135	850
Au delà (six repas)..	150	900 à 1.000

Ces chiffres, qui, comme on le voit, augmentent
de 5 grammes de plus par tetée ou de 50 grammes
par jour pendant la première semaine, sont moindres
dans les trois premiers jours si l'enfant est au sein
de sa mère qui attend la montée du lait, et prend une
puis deux, trois tetées, jusqu'à ce que l'allaitement
soit établi.

**Augmentations de poids dans la seconde
année.** — Le tableau suivant donne les augmentations mensuelles d'après le Dr Sutils dans la seconde
année :

Augmentations mensuelles de un à deux ans.

AGE	AUGMENTATION	POIDS TOTAL
	gr.	kil.
A 13 mois	300	9 300
14 —	250	9 550
15 —	250	9 800
16 —	250	10 050
17 —	250	10 300
18 —	200	10 500
19 —	200	10 700
20 —	200	10 900
21 —	200	11 100
22 —	150	11 250
23 —	150	11 400
2 ans	150	11 550

Comme on le voit dans le tableau, cette augmentation qui n'est plus que de 10 grammes par jour, à
treize mois, tombe à 5 grammes à 22 mois et elle est

en moyenne de 6 grammes par jour dans cette
seconde année.

**A quel moment pourra-t-on donner à
l'enfant autre chose que le lait ?** — Il n'est
point rare de trouver des gens qui considèrent le lait
comme un aliment insuffisant ; c'est un pur préjugé
qui, malheureusement, a coûté la vie à beaucoup de
petits enfants. C'est ce qui arrive si fréquemment
pour ceux qui sont envoyés en nourrice ou plutôt
sevrés prématurément.

On devra donner le lait et *rien que le lait* jusqu'au
sixième mois, si on veut s'épargner de cruelles expériences. Je me souviendrai toujours d'un bel enfant,
venu au monde dans les meilleures conditions, et pe-
sant environ huit livres. La mère, qui avait eu huit
enfants déjà et n'en avait nourri aucun, voulut essayer de donner le sein au dernier. Appelé hors de
Paris, je priai un confrère de voir cet enfant et de
surveiller le régime ; à mon retour, dix jours après,
l'enfant n'était plus qu'un squelette avec un ventre
énorme. J'appris que, malgré mes avis et ceux de
mon confrère, on avait remplacé le sein insuffisant
par des soupes. J'envoyai l'enfant en nourrice, faute
de pouvoir mieux faire, mais c'était trop tard ; il suc-
comba peu après son arrivée à la campagne. Cet
exemple, que tous les médecins ont vu se présenter,
prouve assez ce que la physiologie a depuis longtemps affirmé, à savoir, que l'enfant naissant n'est
pas assez complètement développé pour « manger de
tout », comme le prétendent avec vanité certaines

mères, fières d'avoir un nourrisson qui, en effet,
prend de tout, depuis la soupe jusqu'au morceau de
sucre trempé dans le café ou l'eau-de-vie!

Il arrive, en effet, que l'enfant qui ne prend pas
assez, parce que sa nourrice n'a pas de lait, se plaint;
les matrones disent qu'il a des coliques et lui admi-
nistrent une bouillie : l'enfant est calmé, en effet, et
l'on continue jusqu'à ce qu'il ait le ventre énorme et
toutes les conséquences de l'alimentation prématurée!

Jusqu'à six mois et souvent plus tard, si l'enfant
est faible, on ne donnera donc que le lait, soit au sein
de la mère ou de la nourrice, soit au pis de l'animal,
soit enfin au verre, à la cuiller ou au biberon, suivant le mode d'allaitement qu'on a adopté. Vers six
mois, c'est-à-dire lorsqu'on verra apparaître les premières dents, si l'enfant est fort, si les selles sont
normales, on sera naturellement amené à remplacer
d'abord une fois, puis, plus tard, deux fois par jour
la tetée par une bouillie. La première, bien claire,
sera donnée dans la matinée de préférence et n'excé-
dera pas d'abord quatre à six cuillerées à soupe.

Voici quelques-uns des potages qui conviendront :

1º La *bouillie au froment,* que l'on fait avec du
lait coupé, sucré, un peu salé, et avec quelques pin-
cées de farine de froment. Elle sera bien cuite, à feu
doux, pendant un quart d'heure.

On pourra varier cette bouillie et remplacer la farine de froment, qui est une substance essentielle-
ment nourrissante, par l'*arrow-root,* qui est plus lé-

ger, la *crème de riz* ou le *café de glands doux,* si l'enfant est un peu relâché ; la fécule de pomme de terre dans le cas contraire.

2° La *bouillie au pain,* qui est excellente, se prépare de la façon suivante : on fait cuire de la mie de pain au four, de manière qu'elle soit à peine caramélisée, et avec de l'eau ou du lait et un peu de sucre on en fait une bouillie claire si l'enfant est jeune, et de plus en plus épaisse, à volonté, à mesure qu'il grandit.

3° L'*eau panée,* préparée avec de la mie de pain bouillie pendant une heure et demie ou deux heures, et sucrée, à l'eau ou au lait, est un bon intermédiaire entre le lait et les aliments plus substantiels.

4° *Bouillie à l'avoine.* On peut aussi se servir de farine de froment torréfiée, et y ajouter un tiers de farine d'avoine, surtout quand l'enfant a de la constipation. Deux cuillerées à café de farine d'avoine sont délayées dans un peu d'eau froide pour éviter les grumeaux, puis jetées dans un verre de lait bouillant. On ajoute un peu de sucre et du sel à volonté. Laisser cuire pendant une ou deux minutes pour obtenir la consistance d'une gelée molle, très agréable et bien nourrissante.

5° Les *farines lactées* et les laits condensés ne m'ont pas donné jusqu'à ce jour de bons résultats. Je leur préfère les bouillies faites avec du lait et des farines dont je connais la provenance [1].

[1] C'est aussi l'opinion du Dr Usselmann, qui a écrit un

6° Le *racahout* est un mélange de diverses farines avec du sucre et un peu de cacao.

Un peu plus tard, quand on aura vu comment l'enfant supporte ce nouveau régime, on donnera deux bouillies par jour, et alors on variera les fécules avec de petites panades à la biscotte de Bruxelles, des soupes à la semoule, au tapioca, au gluten, etc. ; on tentera de donner un œuf frais, qui conviendra parfaitement comme intermédiaire entre le lait et la viande proprement dite. On le donnera sous forme de lait de poule d'abord, puis à la coque, ou dans une petite bouillie. On arrivera insensiblement au bouillon de poulet, et dès lors on pourra alterner les bouillies au lait ou à l'eau avec des potages gras au tapioca, au sagou, au pain, à la semoule, etc.

A la fin de la première année, vers treize ou quatorze mois, on essaiera de donner de temps en temps du jus de volaille ou de viande, et on fera sucer quelques os de poulet. On a déjà donné à l'enfant, pour l'amuser, quelques croûtes de pain. Vers quinze mois, l'enfant, pourvu de dix à douze dents dents, pourra prendre un peu de poisson, de viande hachée ou pilée, de la purée de pommes de terre, mais on ne devra pas se presser de donner des légumes verts, et surtout des fruits.

excellent *Traité pratique d'hygiène de l'enfance*, traduit en français par le D' Bœhler. Paris, 1888. Un autre auteur Demme, soutient que « parmi les enfants qu'on nourrit exclusivement avec ces produits, il y en a beaucoup qui deviennent rachitiques ».

On devra même veiller soigneusement à ce que les nourrices, trompant la vigilance des parents, n'exposent pas leur nourrisson à des accidents, comme cela arrive souvent. Nous fûmes appelés un jour, le docteur J. Simon et moi, dans une famille, pour un bébé qui avait une convulsion. Il était très bien portant le matin, et comme nous avions aperçu des cerises, il nous vint à la pensée qu'on aurait bien pu en faire manger à l'enfant. Pendant que la nourrice nous affirmait qu'elle n'avait rien donné à son nourrisson, celui-ci eut un vomissement et rendit.... une moitié de cerise.

Que cet exemple reste gravé dans le souvenir des jeunes mères, et qu'elles comprennent bien que l'enfant ne peut pas, pendant le premier âge, être, sans danger, nourri comme tout le monde.

II. — ALLAITEMENT PAR UNE NOURRICE AU DOMICILE DE LA MÈRE.

Quand la mère ne voudra pas ou ne 'pourra pas entreprendre l'allaitement de son enfant, ou quand, ayant essayé, elle sera forcée de l'abandonner, elle devra recourir à une nourrice mercenaire. Je dirai plus loin ce qu'il faut penser de ce mode d'allaitement, quand il est fait loin de la mère ; il n'est question ici que de celui qui est pratiqué chez les parents de l'enfant. C'est là, après l'allaitement maternel, le meilleur qu'on doive rechercher, mais sans oublier qu'on s'éloigne déjà de la nature et que, si la nourrice à gages a souvent plus que la mère les qualités pour nourrir, elle n'en a pas la sollicitude. La mère, loin d'être allégée par ce remplacement, verra s'ajouter à ses devoirs la charge de surveiller de près cette tâche délicate qu'elle a confiée à une inconnue.

Choix de la nourrice. — Les familles devront prudemment abdiquer devant le jugement du médecin compétent. Quand celui-ci aura fait un examen complet, quand il aura vu les seins et analysé le lait, quand l'enfant même de la nourrice lui aura été présenté, il possédera des éléments d'appréciation ; ce qui n'empêchera pas qu'il soit trompé comme les parents : l'enfant peut être emprunté ou avoir été artificiellement engraissé en vue de l'industrie nourricière ; les seins pleins de lait et bien conformés d'ailleurs seront vidés, pour toujours peut-être, par les premiers repas de l'enfant, et enfin, ces belles apparences de la nourrice, qui l'avaient fait accepter d'emblée, seront quelquefois accompagnées d'une incapacité complète à nourrir.

Il faut savoir aussi que telle nourrice qui convient à un enfant ne convient pas à tous. En tout cas il convient de dire ici que c'est moins l'examen du lait que celui de la nourrice qui est important. L'œil nu ou les instruments tels que lactoscope, lacto-butyromètre, lacto-densimètre, etc., et le microscope lui-même ne valent pas un coup d'œil sur l'enfant de la nourrice proposée.

Voici le type de nourrice que je recherche pour mes petits clients : une femme des champs sympathique, de vingt à trente-cinq ans, ayant déjà élevé un enfant, brune, de bonne santé, sans cicatrices, avec des seins moyennement développés et bien veinés, des mamelons saillants et flexibles, un lait de deux à six mois, abondant, et dont l'enfant est prospère : « A l'œuvre on connaît l'artisan », au nourrisson on reconnaît les qualités de la nourrice.

Une femme ayant déjà fait un nourrisson donnera par ce fait plus de garanties pour en élever un second ; de plus, la famille où elle a nourri fournira des renseignements sur ses qualités et sur son caractère. On aime ordinairement avoir une nourrice de belle apparence ; il ne faudra pas oublier que les qualités premières sont dans une santé sans tare et dans le lait, qui doit être abondant, de bonne qualité, d'un âge se rapprochant de celui de l'enfant, et, enfin, qu'il doit être fourni par un sein dont le mamelon est bien conformé. Toutefois, si la nourrice proposée joint aux qualités indispensables des proportions heureuses, des formes arrondies, des cheveux noirs, un teint coloré, sans exagération, des dents blanches et bonnes, des gencives fermes et vermeilles, on aura tout pour soi et il faudra vite la prendre ; car dans l'immense majorité des cas on n'a pas un grand choix et on doit se contenter de prendre ce qu'on trouve.

S'assurer d'abord que les nourrices n'ont pas de maladie susceptible de se transmettre par l'allaitement. Si on veut une nourrice intelligente et qui ait le plus de qualités avec le moins de défauts possible, sans se départir des conditions qu'elle doit remplir par ailleurs, qu'on cherche ce type idéal : on y gagnera que l'enfant aura des soins éclairés, comme complément du lait, qui est surtout ce que l'on cherche.

On n'est pas obligé de prendre une nourrice qui se grise, qui tue ou qui vole, mais qu'on ne craigne pas de donner à l'enfant une ânesse ou une chèvre : il ne sera ni plus dégénéré, ni plus capricant.

Où et comment peut-on se procurer une nourrice ? — Dans les petites villes et à la campagne, ce sont les nourrices qui cherchent des nourrissons ; elles s'offrent là où elles savent qu'on peut avoir besoin d'elles. A la grande ville, à Paris surtout, ce sont les familles qui les cherchent, aussi donnent-elles lieu à une industrie pour laquelle il y a plusieurs bureaux de placement.

Direction de ce mode d'allaitement. — Ce que j'ai déjà dit du régime et des soins que doit prendre une femme qui allaite son enfant, s'applique également à la nourrice et devra être contrôlé par la mère. J'ajoute quelques remarques qui s'appliquent à la nourrice mercenaire.

Il arrive souvent que le lait de la nourrice qui a laissé son enfant, déjà âgé de deux ou trois mois, subit une diminution du fait que son nourrisson prend peu et ne sollicite guère la production du lait ; avec de la patience et du calme, on verra le lait revenir à mesure que l'enfant prendra davantage et s'approprier à ses besoins comme qualité et comme quantité.

8.

Il est important que la nourrice vide le sein après chaque tetée, sans quoi elle pourra voir son lait se passer.

La première chose que je fais, quand je donne à un baby une nourrice d'où qu'elle vienne, d'ailleurs, c'est de lui prescrire un bain. Voici un fait qui justifie cette précaution. On appela un jour, dans une famille qui avait fait choix d'une excellente nourrice, mon maître et ami le Dr J. Simon, qui voulut bien me déléguer à sa place. L'enfant était couvert de rougeurs qu'on avait attribuées « à une rougeole ». Il ne dormait pas et criait sans cesse ; — la nourrice passait sa nuit à se gratter, le père et la mère également. — Je reconnus que toute la maison avait la gale, et M. J. Simon confirma mon opinion en prescrivant un traitement commun à tous ces pauvres galeux, qui eurent une peine infinie à se guérir.

J'insiste pour que la nourrice soit surveillée, au point de vue des soins de toilette, comme je l'ai dit à propos de l'hygiène de la femme qui allaite.

On évitera les inconvénients qui pourraient résulter, pour la nourrice, d'un changement trop brusque de son genre de vie ordinaire. On introduira dans son alimentation des légumes verts et des boissons rafraîchissantes pour contrebalancer un régime trop animalisé et un usage, qui pourrait être abusif, de boissons alcooliques. La nourrice mangera selon son appétit, sans excès, de tout ce qu'elle aime et digère bien dans sa vie habituelle, au besoin on lui laissera se préparer les soupes qu'elle mange dans son pays.

On ne lui interdira que les asperges, les artichauts, les carottes, les choux et la salade en excès, l'ail, l'oignon et les épices. Comme boisson : donner soit une bouteille à bordeaux de vin, ou un litre de bière et de l'eau ou une tisane de son goût à discrétion. Pas de café, pas d'alcool. Si la nourrice a des sorties régulières avec ou sans son nourrisson, suivant le temps, elle aura l'appétit aiguisé et ne sera jamais constipée, ce qui est important. Elle se trouvera bien, non seulement de se promener au dehors, mais même d'être occupée dans l'intérieur, de suivre, en un mot, la vie qui s'écarte le moins de ses habitudes ordinaires.

Le travail le plus naturel sera de se charger des soins de l'enfant, de cette façon aussi les choses seront toujours faites de la même manière, et, si la nourrice est docile, exactement comme on le voudra. Un enfant dont tout le monde s'occupe est souvent mal soigné.

Il faudra toutefois ne pas transformer une nourrice en bonne à tout faire, l'excès de travail serait aussi fâcheux que l'inaction complète, surtout si on déterminait le surmenage ou la transpiration. On n'aurait pas non plus une bonne nourrice avec une femme qui vivrait au salon et dont on ferait une sorte de dame de compagnie.

J'ai dit que la mère pourrait se faire suppléer, la nuit, par une nourrice sèche, qui donnerait du lait d'ânesse ou de vache coupé, mais il est naturel que la nourrice mercenaire donne à teter la nuit. non point parce « qu'elle est payée pour cela », comme je l'ai entendu dire, mais parce que ses forces le lui permettent mieux qu'à la mère, surtout si celle-ci est une femme du monde, d'une santé délicate. Mais la nourrice même trouvera un sommeil réparateur si elle veut bien suivre les préceptes d'hygiène et de régime que j'indique et si, au lieu de présenter le sein à l'enfant dès qu'il crie et se retourne dans le lit, elle le lui donne à des intervalles réguliers : toutes les deux heures le jour et trois fois, puis deux fois et une fois la nuit. Avec un peu de fermeté, cette habitude est facile à donner. Si l'enfant n'a besoin de rien, s'il est propre, sec et chaudement dans son berceau, il n'y a qu'à le laisser tranquille : il s'endormira et se réglera bien vite.

Commencer par régler la nourrice, c'est-à-dire lui apprendre ce qu'on lui demande, ce n'est pas seulement d'avoir du lait, mais de savoir le donner quand il faut et comme il faut.

On devra, dans l'intérêt même de l'enfant et de la nourrice, exercer une surveillance assidue de celle-ci. Est-ce une fille mère ? Évitez qu'elle fasse de mauvaises relations. Est-ce une femme mariée ? tenez-la loin de son mari. Si les rapports conjugaux ne nuisent pas aux qualités du lait, toutefois une grossesse serait une raison suffisante pour changer la nourrice. Qu'on fasse donc accompagner la nourrice, ou, ce qui vaut mieux, que la mère ne la quitte pas.

Si une nourrice a ses règles, ces observations ont encore plus de raison d'être, mais c'est un préjugé de croire qu'il faut la changer pour cela seul.

On évitera de se laisser dominer par les nourrices. On rétribuera leurs services, qui souvent n'ont pas de prix ; selon la position de fortune, on les gratifiera des cadeaux d'usage et on leur donnera tout le confort et le bien-être auxquels elles s'attendent, mais leur faire bien sentir, dès qu'elles se croiront indispensables, qu'on n'a aucun préjugé à changer de nourrice et qu'il est très facile de s'en procurer.

Changement de nourrice. — D'après un préjugé très répandu, il serait préjudiciable à un enfant de changer de nourrice. Il n'en est rien. Henri IV en eut successivement huit et il ne s'en porta pas plus mal. Chaque jour on change une mauvaise nourrice pour une bonne, et l'enfant n'y perd jamais. Le préjugé aura raison chaque fois qu'on remplacera une nourrice passable par une qui ne vaut rien. Il faut savoir, en effet, que durant la période de lactation le lait a sensiblement la même composition, de sorte que lorsqu'on sera appelé à changer de nourrice on ne devra pas rechercher une femme dont l'enfant ait l'âge de celui qu'il s'agit de lui confier.

C'est le médecin qui décide le changement de la nourrice. On doit, quand la résolution est prise, en chercher une autre avant de renvoyer la première, et ne plus laisser prendre à l'enfant le lait d'une femme à laquelle on a annoncé une décision qui va la bouleverser.

D'autre part, la nouvelle arrivée aura quelquefois de la peine à être acceptée par l'enfant, qui était accoutumé à une autre femme, car à cet âge on a déjà de petites manies ; on lui fera donner le sein dans l'obscurité, jusqu'à ce qu'il s'habitue à une nouvelle figure, et surtout à des bouts de seins qui peuvent être plus difficiles à saisir.

III. — ALLAITEMENT PAR UNE NOURRICE AU SEIN LOIN DE LA FAMILLE.

Si l'allaitement par la mère est la réponse au vœu de la nature, si l'allaitement par une nourrice au domicile des parents donne encore une satisfaction, à savoir que l'enfant aura du bon lait, doublé de la vigilance maternelle, l'envoi des enfants en nourrice ne donne aucune garantie. C'est l'exil, j'allais dire l'abandon de l'enfant ! Les femmes qui emportent un nourrisson né de la veille en disposent d'une façon aussi complète que possible, et elles le soumettent le plus ordinairement à un allaitement artificiel, réservant leur lait pour leur propre enfant, qu'elles étaient convenues de sevrer, et souvent elles donnent à l'autre de la soupe dès les premiers jours.

Le défaut de surveillance les encourage, et chaque médecin a plusieurs fois par an l'occasion de déplorer la mort de ses petits clients. En province, où la corruption est moins grande qu'à Paris, il y a encore de beaux enfants élevés par des nourrices qui les emportent chez elles. Quand elles sont honnêtes et qu'elles s'attachent à leur nourrisson, ce dernier a comme compensation le grand air dont la nourrice

bénéficie également, et les choses peuvent aller pour
le mieux, mais il n'en est pas de même dans le voi-
sinage de Paris.

Sur dix-huit mille enfants que la capitale envoie
chaque année en nourrice, il en revient la moitié, et
dans quel état ! La substitution, le rachitisme, le carreau, la mort prématurée, telles sont les conséquences
possibles que l'on doit entrevoir quand on envoie son
enfant en nourrice, et il faut que toutes les mères le
sachent !

Les enfants envoyés en nourrice sont placés à la
ville ou à la campagne.

Les nourrices demeurant à Paris ou dans les gran-
des villes sont d'un degré au-dessous des nourrices
qui vivent à la campagne. En effet, elles sont d'abord
mal logées ; de plus, si leur mari est un ouvrier,
quand le travail chômera ou quand l'argent de la
semaine aura été dépensé chez le marchand de vin,
le ménage n'aura rien, et la malheureuse nourrice,
qui n'a pas de pain, n'aura pas de lait dans ses
mamelles et il ne lui restera pas la ressource d'en
acheter.

La nourrice qui habite la campagne, la femme du
cultivateur, par exemple, offre plus de garanties.
Supposé qu'elle donne son lait à son propre enfant,
l'étranger aura la ressource du lait de la ferme voisine. De plus, à la campagne, l'enfant aura le « bon
air ». Et comme ceci est exploité ! on dirait que l'enfant n'a besoin que d'air... il est vrai que souvent on
ne lui donne pas grand'chose de plus. Si la femme

qui en a charge a des travaux aux champs, si le temps
menace, ne faut-il pas sauver une récolte? Et le nourrisson attend que la récolte soit logée!...

Les pays d'agriculture qui seront secs et monta-
gneux conviendront mieux, toutes choses égales
d'ailleurs, que les pays bas et humides, pour y envoyer un nourrisson. Qu'on choisisse donc la Picar-
die, la Normandie et la Bourgogne, plutôt que la
Sologne, le Berry et l'Orléanais, où règne la fièvre
intermittente. C'est dans ces dernières contrées que
le chiffre de la mortalité atteint son coefficient le plus
élevé.

Je n'ai qu'une remarque à faire sur la direction de
l'allaitement : que les parents s'assurent de quelqu'un
d'intelligent et de dévoué pour visiter fréquemment
leur petit exilé ; un médecin devra être préféré à
toute autre personne plus ou moins incompétente,
quelque grande que soit sa sollicitude pour l'enfant.
Qu'ils y aillent souvent eux-mêmes, quand on ne les
attend pas. Si l'allaitement mercenaire, à la maison
des parents, donne à peine cinq ou six pour cent de
mortalité, la proportion augmente d'une manière
effroyable quand il est fait au loin, puisqu'elle est de
quarante-cinq, cinquante, soixante pour cent, et dans
certains pays de quatre-ving-dix pour cent! Aussi,
un maire d'un petit village qui a le privilège de recevoir les enfants de la pauvre population de Paris
disait-il : « Le cimetière de ma commune est pavé de
petits Parisiens. »

IV. — ALLAITEMENT AU PIS D'UN ANIMAL
DOMESTIQUE.

Dans cette méthode, qui n'est pas nouvelle, la
nourrice est remplacée par la femelle d'un animal
domestique : c'est donc une espèce d'allaitement naturel, puisque l'enfant prend le lait directement à sa
source organique ; il exerce les succions, et le lait
est ainsi mélangé à la salive, ce qui est un avantage
réel. Il y a un autre avantage : celui de pouvoir
administrer, par l'intermédiaire de l'animal, un médicament tel que le mercure, quand cela est nécessaire. Toutefois il y a un grand inconvénient : c'est
qu'on ne peut couper le lait qui, dans l'allaitement
artificiel, doit être étendu d'une proportion d'eau
pour le faire se rapprocher du lait de femme.

C'est un système compliqué : à la ville, où il serait
surtout indiqué, puisque le lait qu'on y achète pour
l'allaitement artificiel est souvent frelaté, il n'est
guère possible de loger une chèvre ou une ânesse,
ni surtout facile de lui faire prendre l'alimentation et
l'air qui lui conviendraient. A la campagne, c'est
autre chose : j'ai vu un parfait succès chez un enfant dont il s'agissait de finir l'allaitement que la
mère avait dû interrompre. La chèvre fut choisie, et
cette nourrice improvisée s'attacha visiblement à son
nourrisson, qu'elle amena à un état remarquable de
prospérité.

On a eu recours quelquefois à la brebis, à la vache, à l'ânesse : la forme et le volume du pis de cette dernière conviennent très bien, de même que le lait, au

Fig. 31. — Allaitement par la chèvre.

moins dans les premiers mois. Toutefois, on emploie préférablement des chèvres pour ce mode d'allaite-

ment (fig. 31), parce qu'il est plus facile de se les
procurer.

Pour faire l'allaitement exclusivement au pis de
l'animal dans toute sa rigueur, il faudrait donner à
l'enfant une ânesse pendant les premiers mois, puis
une chèvre. Si cette méthode d'allaitement n'est pas
très répandue, elle est cependant bonne à employer,
quand on peut la mettre en pratique : elle réussit
très bien en Allemagne et en Suisse, où elle est plus
employée que chez nous.

Si, pour finir un allaitement, vers cinq ou six mois,
on veut recourir à la chèvre, on la choisira et la
nourrira convenablement. Les chèvres du Mont-Dore
ou de Suisse sont les meilleures. Le Jardin d'accli-
matation de Paris en procure d'excellentes à des prix
modérés.

Si on a le choix, on prendra une chèvre ayant un
jeune lait. Les chèvres qui ont les poils blancs et
touffus sont celles qui répandent le moins d'odeur :
parmi celles-là, on en prendra une n'ayant pas de
cornes, afin que le bébé ne soit pas blessé.

On la nourrira de ce qu'elle prend ordinairement,
en évitant qu'elle ne mange des plantes qui, par
leur goût ou par leur odeur, pourraient nuire aux
qualités du lait. La luzerne sèche, les tourteaux de
maïs, les carottes et l'herbe verte que la nourrice
improvisée pourra brouter au grand air : tel est le
meilleur régime à lui faire suivre.

L'enfant mis au pis d'un animal sera réglé comme
s'il était au sein de sa mère : toutes les deux heures

ou moins souvent, suivant l'âge de l'enfant, on le
présentera au pis de l'animal. Pour cela, on aura un
berceau plat que l'on dispose entre les jambes de la
chèvre. L'enfant est là parfaitement à son aise. On
lui met le trayon dans la bouche, et l'animal est
maintenu tranquille. Si on veut, on peut faire coucher la bête sur un tapis épais, et l'enfant le long de
son corps, sur un petit oreiller, où il tettera à son
aise quand on lui mettra le pis dans la bouche. Soins
de propreté déjà indiqués : laver le trayon de l'animal avant et après la tetée, et laver aussi les lèvres
du bébé quand il a fini son repas.

V. — ALLAITEMENT ARTIFICIEL AU BIBERON.

L'allaitement artificiel consiste à nourrir l'enfant
avec du lait, ou tout autre aliment, présenté à la
cuiller ou au verre : c'est *l'élevage* dit *au petit pot ;* ou
à l'aide d'un instrument spécial destiné à remplacer
le sein : c'est alors l'élevage au biberon.

J'ai posé en principe que le nouveau-né serait
nourri de lait et rien que de lait jusqu'à six mois. S'il
ne peut pas le trouver au sein de sa mère, au sein
d'une nourrice ou au pis d'un animal domestique,
qu'on ne l'en prive pas pour cela !... qu'on lui donne,
au contraire, le meilleur lait possible ; je veux dire
celui qui, tout en se rapprochant du lait de femme,
présentera les garanties d'une bonne provenance. On
repoussera les laits condensés et les farines lactées,

qui ne peuvent être employés dans les premiers jours de la vie. J'en dirai autant du « *lait artificiel* », imaginé par Liebig, qui a eu son moment de vogue en Allemagne. L'Académie de médecine de Paris l'a repoussé après un essai qui coûta la vie aux trois sujets que l'on mit à ce régime, et Ricord, qui présidait la séance, improvisa le quatrain suivant :

De son lait Liebig veut nourrir notre enfance :
Il prétend réussir chez ses jeunes Teutons
Mais Depaul nous apprend que nos enfants de France
Se trouvent beaucoup mieux du bon lait des tetons.

L'allaitement au biberon, quand il est fait à la campagne avec intelligence et méthode, peut supporter la comparaison avec l'allaitement au sein d'une nourrice mercenaire... mais s'il est fait avec du lait frelaté, comme celui qu'on trouve à Paris, sans méthode et surtout par des étrangers et non par la mère, il ne vaut guère mieux que le sevrage prématuré.

C'est pourquoi un médecin a pu s'écrier, dans un mouvement de juste indignation : « Tolérer le biberon à Paris... c'est absoudre l'infanticide. » Les statistiques accusent une mortalité de dix à quinze pour cent chez les enfants nourris au sein, de trente à quarante pour cent chez ceux qui sont élevés au biberon, et de soixante, quatre-vingts et quatre-vingt-dix pour cent quand on les sèvre prématurément : il vaudra donc mieux encore de deux maux choisir le moindre et apprendre à diriger l'allaitement au bibe-

ron, plutôt que d'exposer l'enfant à toutes les conséquences de l'alimentation prématurée.

Choix du lait. — Le meilleur lait, celui qui se
rapproche le plus du lait de femme, est, sans con-
tredit, le lait d'ânesse ou de jument ([1]). On pourra
employer ce dernier dans les pays où on le trouve;
chez nous, on donne plutôt le lait d'ânesse, qu'il est
facile de se procurer, quoique à un prix élevé, et
qui rend de réels services quand il s'agit d'un
nouveau-né débile ou né avant terme. Après deux
mois, l'enfant se trouvera mieux du lait de vache,
que la plupart des gens emploient exclusivement dès
les premiers jours; il est partout à la portée de toutes
les bourses.

Ainsi, quand on sera réduit à élever un enfant
artificiellement, on tâchera de se rapprocher le plus
possible de l'alimentation naturelle. On laissera les
laits artificiels, condensés, concentrés, les farines
lactées et on donnera du bon lait.

Je me place dans le cas le plus général, d'un enfant que l'on veut élever au lait de vache. Il faudrait,
pour mettre toutes les chances de son côté, choisir
une vache qui eût un jeune lait et ne plus changer.
Ce n'est possible qu'à la campagne. A Paris, on en
est réduit à employer le « lait de marché », qui ne
présente pas de grosses garanties. Les marchands y
ajoutent déjà de la « conserve » pour l'empêcher de
tourner, encore s'ils n'y ajoutaient rien d'autre...

(1) Voy. Jules Rouvier. *Le lait, caractères dans l'état de
santé et de maladie.* Paris, 1893.

Ira-t-on prendre le lait qu'on trouve à prix d'or aux vacheries, à ces écuries sans lumière et sans air, où quelques vaches sont entassées et nourries de manière à fournir la plus grande quantité de lait au détriment de la qualité?

Ce qui vaut mieux, c'est le lait venant de la campagne dans des flacons de verre cachetés, et encore faut-il savoir que le transport en altère déjà un peu les qualités.

Ce lait même, il est de règle aujourd'hui de ne plus le donner que *stérilisé*.

Stérilisation du lait. — Je suppose que l'on ait une vache à sa disposition à la campagne; on peut alors, quand on est sur les lieux, avoir le lait fraîchement trait à chaque repas; on pourrait donner le lait tel que à l'enfant si on ne savait par de nombreux exemples que la tuberculose se voit chez les plus beaux animaux, chez ceux mêmes que les concours agricoles ont primés! Il faut donc, pour plus de sûreté, stériliser le lait, afin de détruire *à coup sûr* les microbes pathogènes, non seulement de la tuberculose, mais de la diarrhée, de la fièvre typhoïde, de la scarlatine, etc.

L'*ébullition* qui a préludé à la stérilisation est déjà un bon moyen de tuer les germes, mais on a reconnu que le lait bouilli est mal digéré par le nouveau-né.

La *stérilisation* se fait en grand dans l'industrie qui livre des flacons tout prêts à servir, mais malheusement on n'a pas de garantie, quant à la qualité du lait, ni quant à l'époque où il a été préparé. C'est

en voyant les insuccès que donnent ces différents
laits stérilisés du commerce que je conseille toujours
aux familles de stériliser elles-mêmes le lait. C'est
d'ailleurs très facile car il y a des appareils à la portée
de tous.

L'appareil dit de Soxhlet est un des plus pratiques.
Modifié quant à la fermeture des flacons par M. Gentile,
sous l'inspiration du Dr Budin (fig. 32), l'appareil se
compose :

1° De flacons gradués pouvant contenir 150 grammes
de lait, et bouchés avec de petits capuchons en
caoutchouc analogues aux capsules dont on recouvre
les bouchons des bouteilles d'eaux minérales, mais
munis à leur partie inférieure d'un rebord en forme
de bague qui doit enserrer le goulot. Ce capuchon
qui s'applique à tous les flacons rend l'appareil éco-
nomique.

2° Les flacons sont disposés dans une sorte de marmite ou de bain-marie à double fond (fig. 33, p. 154)
et maintenus suspendus au centre de l'appareil.

La marmite étant remplie d'eau jusqu'à mi-hau-
teur du flacon, on la met sur un fourneau ou foyer
quelconque, on fixe le couvercle. Après trois quarts
d'heure d'ébullition continue, pendant laquelle les
flacons plongent à moitié dans l'eau tandis que leur
partie supérieure est entourée de vapeur, on retire
les flacons et on les met à refroidir dans l'eau froide
ou à l'air libre.

Veut-on un appareil encore plus simple et peu
coûteux? Voici comment je faisais procéder quand on

a commencé à vulgariser la stérilisation du lait.
J'utilisais des flacons de pharmacie contenant la quantité de lait et d'eau sucrée nécessaire pour un repas.

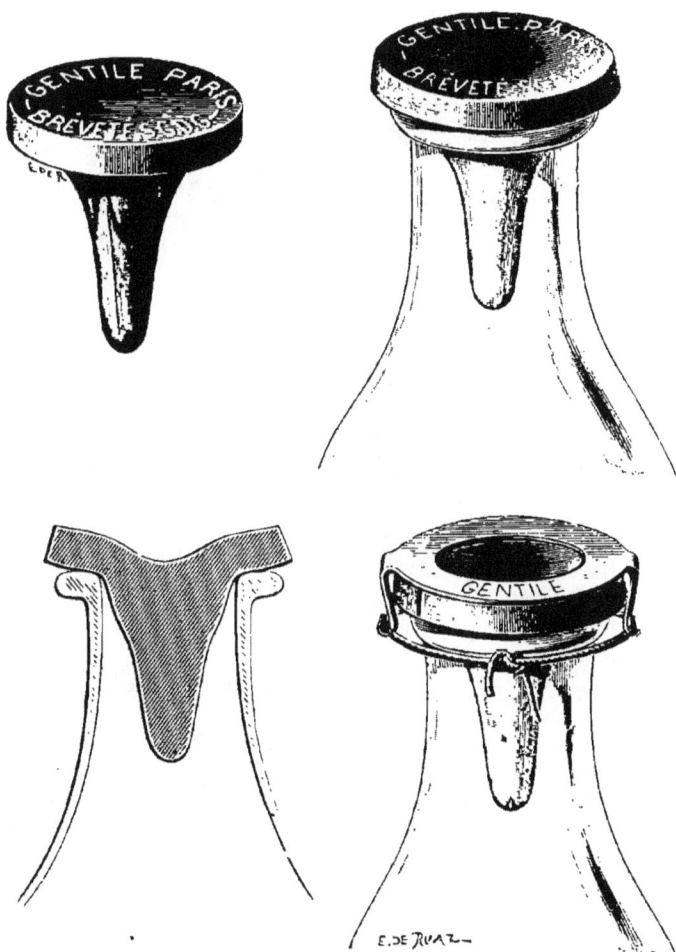

Fig. 32. — Appareil Soxhlet modifié par Budin.

Obturateur automatique et armature métallique destinée à le maintenir.

9.

Je les faisais remplir jusqu'à un peu au-dessous du goulot et boucher avec de l'ouate hydrophile aseptique. Tous ces flacons étaient mis à bouillir dans un simple bain-marie pendant trois quarts d'heure. Après

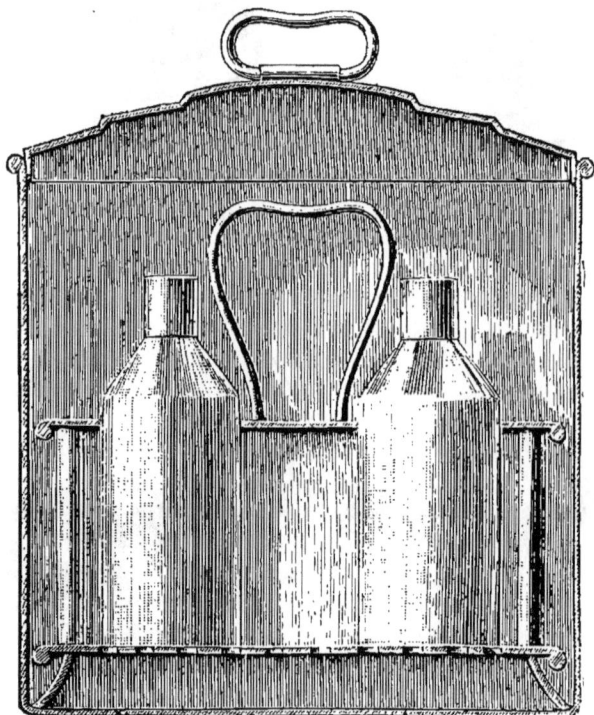

Fig. 33. — Coupe d'une marmite pour mettre le lait au bain-marie. Elle contient un support métallique pour les bouteilles qui sont coiffées par un disque en caoutchouc et une capsule métallique.

quoi on les mettait à refroidir, puis on les bouchait s'ils ne devaient pas être utilisés de suite. On peut encore procéder ainsi à la condition d'avoir des flacons et des bouchons parfaitement stérilisés à l'eau bouillante.

Coupage du lait. — Il est utile de couper le lait, dans les premiers mois surtout. Il faut rejeter les décoctions d'orge, de gruau, l'eau panée, l'eau gommée, le bouillon de poulet et tout ce qu'on a imaginé pour cela : rien ne vaut l'eau sucrée, qui permet de rapprocher la composition du lait de vache de celle du lait de femme. A Paris et partout où on n'aura pas de la bonne eau de source, on emploiera de l'eau filtrée ou même de l'eau bouillie et filtrée.

Mettre dans un litre d'eau environ 50 grammes de sucre ordinaire, ou mieux de sucre de lait, et prendre trois parties de cette eau sucrée et une de lait pur pour le mélange pendant les premières semaines, puis de moins en moins d'eau jusqu'à six mois.

Le tableau suivant donne les proportions d'eau sucrée et de lait convenables pour les premiers mois :

AGE	LAIT	EAU SUCRÉE
Première semaine.	1 partie.	3 parties.
Jusqu'à un mois.	1 partie.	2 parties.
Deuxième mois..	1 partie.	1 partie.
Troisième et quatrième mois.	2 parties.	1 partie.
Cinquième mois.	3 parties.	1 partie.

Après le cinquième mois le lait sera donné pur.

Généralement on fait le mélange d'eau et de lait d'avance et on stérilise le tout ensemble. De la sorte, chaque flacon représentant un repas est tout prêt à être administré. Il n'y aura qu'à le tiédir au moment du besoin, comme il sera dit plus loin.

Si, pour l'allaitement artificiel, on n'a que la ressource du lait de chèvre, on le coupera à peu près comme le lait de vache.

Quant au lait d'ânesse ou de jument, j'ai dit qu'on pouvait l'administrer pur. Toutefois, dans les deux ou trois premiers jours, on devra le couper d'un tiers d'eau sucrée préparée comme il a été dit.

Choix de l'instrument. — Biberon. — Quand on a choisi le lait, il faut chercher la meilleure manière de le donner. La cuiller ou le verre ont trop d'inconvénients pour qu'on y ait recours : l'enfant avale trop vite ou trop lentement ; il ne mêle pas au lait sa salive, qui est utile à la digestion, comme il le fait dans la succion naturelle. Aussi a-t-on songé depuis longtemps à se servir d'instruments qui imitent plus ou moins le sein. Les appareils varient à l'infini. Le meilleur de tous ne vaut rien s'il n'est tenu absolument propre, et le plus mauvais perd de ses inconvénients si cette condition est remplie.

Voici le plus simple de tous : prenez le flacon quelconque dans lequel vous avez stérilisé le mélange de lait et d'eau nécessaire pour un repas, adaptez à ce flacon un embout quelconque, le galactophore du Dr Budin (fig. 34) de préférence, qui contient deux tubes accolés, un pour le passage du lait et un autre, beaucoup plus mince, presque filiforme, pour l'air.

L'air entrant lentement dans le flacon, le lait vient

régulièrement dans la bouche du bébé, condition qui
rappelle l'allaitement au sein. On trouve d'ailleurs des
bouts de caoutchouc ayant deux soupapes comme des
piqûres de sangsues : une s'ouvre de dedans en dehors

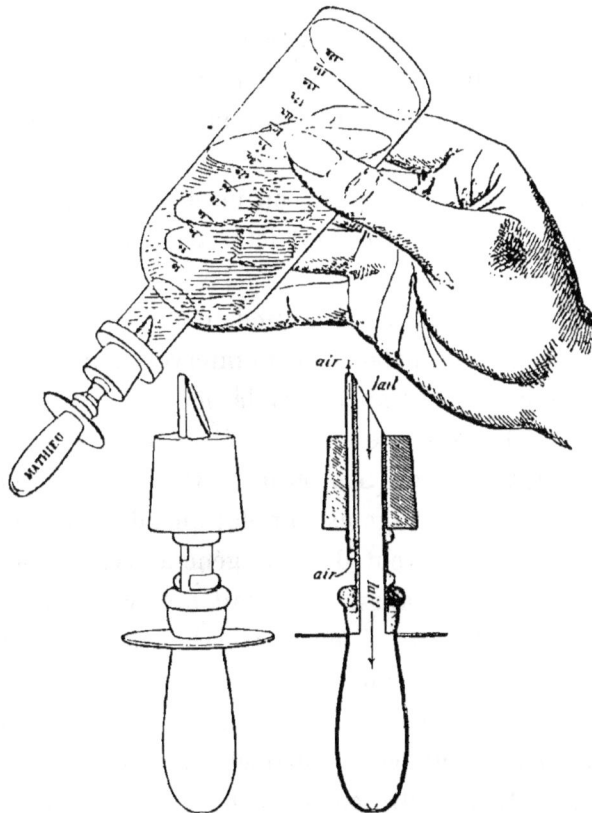

Fig. 34. — Galactophore Budin.

pour le passage du lait, une de dehors en dedans, pour
la pénétration de l'air pendant la tétée.

Direction de l'alimentation au biberon. —

On donnera le lait au biberon avec la même régularité que les tetées. L'heure du repas venue on prend un des flacons tout prêts et on le chauffe au bain-marie jusqu'à ce que sa température atteigne celle du lait sortant du sein qui est de 37 degrés.

La nuit ces soins ne se relâcheront pas : une veilleuse permettra d'avoir toujours de l'eau chaude pour porter le flacon de lait à la température convenable.

Ni la nuit, ni le jour, on ne devra donner ce qui reste d'un repas. Il faut jeter chaque fois ce que l'enfant aura pu laisser.

C'est surtout dans ce mode d'alimentation semé d'écueils que la balance devra intervenir, ainsi qu'une surveillance continuelle, si la mère a confié cette tâche délicate à une personne étrangère.

Nettoyage du biberon. — Quand l'appareil est simple, le nettoyage est simple; quand il est perfectionné, ce qui veut dire en général compliqué, le nettoyage l'est aussi. Il se fait ordinairement avec une petite brosse *ad hoc*. Laver l'instrument autant que possible dès qu'il a servi, et le maintenir dans l'eau froide jusqu'au repas suivant. Cette précaution est surtout utile pour le mamelon artificiel, qui, quel qu'il soit, doit être conservé dans l'eau pour rester mou et flexible.

Quelle quantité de lait devra-t-on donner à l'enfant élevé au biberon? — On a la tendance, surtout dans les premiers jours qui suivent la naissance, de donner plutôt trop que pas assez: qu'on se règle d'après le tableau que j'ai donné (page 128), où l'on voit la quantité de lait que prend un enfant au sein. Les chiffres des deux ou trois premiers jours seront un peu augmentés si on veut, sans inconvénient, mais il faudra ne pas trop s'écarter des limites indiquées, car l'allaitement artificiel pour réussir doit se rapprocher, le plus possible, de l'allaitement naturel.

Le premier jour on donnera environ trois cuillerées à soupe ou douze cuillerées à café du mélange obtenu avec une cuillerée à soupe de lait et trois d'eau sucrée préparée comme il a été dit.

Le second jour, à peu près dix cuillerées du mélange, soit une cuillerée à chacun des dix repas.

Le troisième, trente, soit trois par repas.

Le quatrième, quarante environ, et après, jusqu'à la fin du premier mois, le nourrisson prendra six cents grammes par jour du mélange. On diminue un peu l'eau sucrée, et, au second mois, on n'en met que la moitié, puis un tiers vers le troisième mois, puis un quart ; enfin, à six mois, le lait est donné pur.

Après le premier mois, les repas seront de soixante à soixante-dix grammes; après le troisième, de cent grammes, mais alors l'enfant en fera huit au lieu de dix.

A six mois le nourrisson prendra non seulement huit ou neuf cents grammes de lait pur en sept ou huit repas, mais on pourra introduire dans son régime les bouillies et les potages, comme il a été dit pour l'enfant au sein, et s'acheminer ainsi doucement vers le sevrage progressif.

VI. — ALLAITEMENT MIXTE.

Lorsque la mère n'a pas assez de lait pour suffire aux besoins de son enfant et qu'elle ne veut pas le confier à une nourrice, il lui reste une ressource : l'allaitement mixte.

Ce système n'est certainement pas aussi bon que l'allaitement exclusivement au sein, mais il vaut mieux que d'abandonner l'enfant à une nourrice de campagne avec la perspective de l'élevage au petit pot. Il est employé par deux classes de femmes placées à des degrés extrêmes de l'échelle sociale: les dames du monde, qui se font suppléer la nuit; les ouvrières des champs ou des fabriques, qui se font suppléer le jour.

Direction de cette méthode. — Les dames du monde, qui donnent leur sein le jour, suivant les règles de l'allaitement maternel, confient leur enfant, la nuit, à une nourrice sèche, qui lui donne, suivant le besoin, une ou deux fois, du lait au biberon, au verre ou à la cuiller.

L'œil de la mère est la seule sauvegarde contre les ruses de la « personne de confiance » qui administre un lavement au pavot ou tout autre narcotique pour ne pas être réveillée, et contre ses préjugés qui lui feront faire le contraire de ce qu'on veut.

Les ouvrières des fabriques et les paysannes qui

donnent le sein la nuit se font suppléer le jour par la grand'mère ou la sœur aînée de l'enfant, qui donnent le lait... ou plutôt, malheureusement, trop souvent, la soupe dès les premiers jours ! L'allaitement mixte ne sert alors qu'à masquer une alimentation prématurée dont on connaît les dangers. Les femmes qui n'auront pas d'aide pour les remplacer à la maison pendant qu'elles seront à l'atelier, trouveront un précieux et charitable auxiliaire dans les « crèches » où l'enfant sera gardé en sûreté : la mère viendra à son moment de liberté lui présenter le sein, et on lui donnera encore, s'il est vorace, du lait au biberon ou autrement, en suivant les règles de l'allaitement artificiel. En tout cas, qu'on laisse les « nouets » dont l'inconvénient est de provoquer le muguet.

Choix du lait. — Le meilleur allaitement mixte est celui où une nourrice supplée la mère, — le jour ou la nuit — entre deux tétées. On peut aussi la faire aider par le femelle d'un animal domestique : l'ânesse dans les premiers mois, la chèvre après, quand les circonstances s'y prêtent.

A défaut de ces aides, on donnera le lait d'ânesse ou le lait de vache coupé comme il a été dit dans l'allaitement au biberon. Cette association, pour réussir, devra être bien conduite, car elle est semée d'écueils. Un de mes enfants, qui avait la nuit du lait d'ânesse de bonne provenance et le jour le sein de sa mère, fut pris de diarrhée qui dura huit jours, malgré la cessation de la cause. Que serait-il arrivé si on avait continué ?...

Du gavage. — Quand le nouveau-né ne peut pas se nourrir on ne le laisse plus mourir d'inanition, on le soumet au gavage, procédé précieux d'alimentation des enfants débiles, qui a été introduit par Tarnier à la Maternité de Paris en 1884.

On prend un tube en caoutchouc (fig. 35) gros comme une plume d'oie, long de quinze centimètres, et un petit entonnoir en verre contenant environ

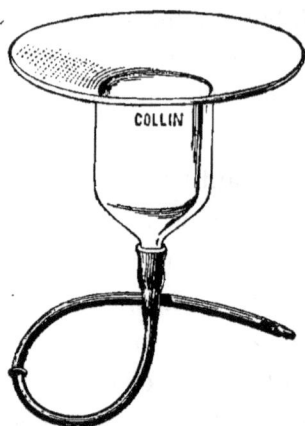

Fig. 35. — Appareil du professeur Tarnier pour le gavage des nouveau-nés.

quinze centimètres cubes. Ce petit appareil existe d'ailleurs chez tous les marchands.

On maintient l'enfant étendu à moitié, la tête en arrière, et on glisse sur la base de la langue, le tube préalablement enduit de glycérine neutre, qui en facilite le glissement. Le tube s'engage dans l'œsophage et, ne rencontrant aucun obstacle, arrive aisément dans l'estomac.

On verse alors dans l'entonnoir du lait qui, par

l'action de la pesanteur, tombe dans l'estomac. Il n'y a plus qu'à retirer rapidement le tube que l'on met à tremper dans une solution boriquée à 4 pour 100, après l'avoir lavé avec le plus grand soin.

Le meilleur lait pour le gavage est le lait de femme. A son défaut on emploie celui d'ânesse ou de vache, coupé à peu près comme pour l'enfant élevé artificiellement.

Quelle quantité donnera-t-on par repas? Là est la question importante, car par des gavages trop copieux on tuerait l'enfant. Il faut donner une cuiller à café puis deux chaque heure. Si le gavage est bien conduit, il n'y a pas de vomissements, l'enfant à des selles normales et il progresse sans toutefois avoir l'apparence bouffie de ceux qui sont trop gavés.

Arrivés à se nourrir comme tous les autres, les enfants débiles, prenant le sein d'abord alternativement avec les gavages, puis exclusivement, deviennent tout aussi forts que d'autres avec le temps.

Appréciations des diverses méthodes. — Pour clore cette question de l'allaitement, je dirai que, toutes choses égales d'ailleurs, l'enfant, pendant les premiers mois, s'accroîtra davantage au sein ; plus tard, au contraire, au lait de vache. Le lait d'ânesse semble être celui qui convient le mieux après celui de femme : mais, passé deux mois, celui de vache coupé lui est préférable, s'il est de bonne provenance. Quant au lait de chèvre, il ne convient qu'à six mois, pour un enfant qu'on veut mettre directement au pis de l'animal.

Je conseille toujours l'allaitement par la mère ou, à son défaut, par une nourrice ; j'accepte l'allaitement mixte et, faute de mieux, je subis l'allaitement artificiel par la mère, ou sous sa surveillance directe ; et quand un père ou une mère me demandent s'ils peuvent envoyer leur enfant en nourrice, après avoir essayé de les en dissuader, je leur dis : Les statistiques prouvent que la mortalité des nouveau-nés élevés au sein est de cinq à quinze pour cent au plus ; qu'elle s'élève à trente pour cent si l'enfant est au biberon, et si l'enfant est emmené en nourrice, ce qui veut dire sevré prématurément, elle atteint soixante et même quatre-vingts pour cent ! — Choisissez.

CHAPITRE II

SEVRAGE ET DENTITION.

> « Les enfants qui mangent
> durant qu'ils tettent sont se-
> vrés avec moins de peine. »
> (HIPPOCRATE.)

> « Bel enfant...... jusqu'aux
> dents. »

Le sevrage et la dentition, j'entends l'éruption des
dents de lait, sont si étroitement liés que je les com-
prends sous un même titre.

Le sevrage est, comme on le sait, la séparation de
l'enfant du sein ; je ne dis pas la privation du lait, qui
sera encore pendant longtemps la base de son alimentation en même temps que le moyen de reposer son
estomac fatigué par un nouveau régime. L'époque
à laquelle il doit être irrévocablement fixé, souvent
retardée par la tendresse des mères ou la crainte qu'ont
les nourrices de perdre une bonne place, varie suivant
les sujets et ne peut pas être déterminée d'avance,
d'après l'almanach, mais plutôt d'après l'état de prospérité de l'enfant et d'après l'état de la dentition.

Première dentition. — La première dentition, la seule dont je m'occupe ici, commence vers le sixième mois et dure environ deux ans. Elle comprend l'éruption de vingt dents, qui apparaissent en cinq étapes

Fig. 36.
1er *groupe.*

De 6 à 7 mois, l'enfant a 2 dents.

Les 2 incisives médianes d'en bas.

successives formant cinq groupes ; entre deux poussées il y a un temps d'arrêt bien marqué, dont on profitera pour le sevrage.

Fig. 37.
2e *groupe.*

Vers 10 mois, l'enfant a 6 dents.

Les 4 incisives supérieures.

Vers trois mois, l'enfant commence à saliver et on le voit porter à sa bouche tout ce qu'il tient à la main, tant mieux si c'est un hochet bien choisi. Vers six ou sept mois, apparaît la première dent (fig. 36), qui

est une incisive du milieu de la mâchoire inférieure,
Cette première dent est bientôt suivie d'une pareille,

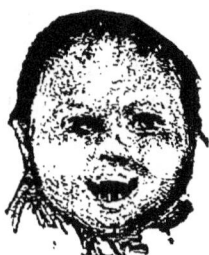

Fig. 38.
3ᵉ *groupe.*

Vers 1 an, l'enfant
a 13 dents.

Les 2 incisives, de côté, d'en bas, et les 4 premières petites
molaires.

Fig. 39.
4ᵉ *groupe.*

A 1 an 1/2 environ,
16 dents.

Les 4 canines ou « dents de l'œil ».

Fig. 40.
5ᵉ *groupe.*

A 20 mois ou 2 ans,
20 dents.

Les 4 dernières molaires.

sort à côté d'elle. Après quoi, viennent les quatre
incisives d'en haut, vers dix mois (fig. 37; puis les
deux incisives inférieures de côté (fig. 38) et les quatre petites molaires internes, à la fin de la première
année. Les quatre canines (ou œillères) se montrent
de un an à un an et demi (fig. 39).

Enfin, les quatre dernières molaires sortent vers
vingt mois (fig. 40).

Cette apparition des dents se fait lentement, et, si
les choses vont au mieux, on n'aura besoin de rien
faire pour aider la nature; s'il se produit quelque
chose d'anormal, on appellera le médecin plutôt que
de courber la tête devant les préjugés ou la routine,
qui ont une place spéciale dans la dentition, et ont
contribué à rendre critique cette période de transition
qui constitue le sevrage. La seule chose permise,
c'est de frotter les gensives avec le doigt et du gros
miel.

Quand la dent tarde à sortir, le médecin est quelquefois obligé de fendre la gencive.

Moment et époque du sevrage. — Le moment le plus favorable pour sevrer un enfant sera
l'intervalle de repos qui sépare l'évolution de deux
groupes de dents, surtout le dix-septième mois, quand
la sortie des canines est effectuée. La meilleure époque sera le printemps ou l'hiver plutôt que l'été ou
l'automne : si on peut, on l'effectuera à la campagne.
En effet, la diarrhée qui se montre en été, chez les
enfants dont on change le régime, est quelquefois très
grave.

Sevrage brusque et sevrage graduel. —
Le sevrage est une période d'épreuve pour l'enfant ;
il faut donc le faire non pas tout d'un coup, comme
Donné l'a conseillé, mais lentement (¹) ; non pas en
une heure, mais en quelques jours ou quelques semaines s'il le faut. Il faut donc rejeter le sevrage
brusque, qui m'a toujours paru amener un arrêt dans
la prospérité des enfants et en tout cas une moindre
augmentation de poids, et adopter le sevrage graduel
qui se prépare depuis le moment où on a commencé
à introduire dans l'alimentation de l'enfant autre
chose que du lait, et qui se termine quand on se décide, vers quinze ou dix-huit mois, à le séparer du
sein. N'était-ce pas là la manière de sevrer qu'Hippocrate lui-même voulait, quand il disait : « Les enfants
qui mangent durant qu'ils tettent seront sevrés avec
moins de peine ? »

Quand on a fixé irrévocablement le moment du sevrage définitif, il suffit de retirer l'enfant de sa nourrice, et de le confier à une personne sûre, qui commencera par le sevrer la nuit, en lui offrant, lorsqu'il
se réveillera, du lait de vache, puis de l'eau sucrée,
puis de l'eau simple, puis... rien du tout, car l'enfant finira bientôt par ne plus se réveiller qu'au matin. Si on a de la peine à le détacher du sein le jour,
on appliquera sur les mamelons quelque substance
amère (extrait de quinquina, de gentiane, de l'aloès
ou de la quinine délayée dans de l'eau), qui l'en dé-

(¹) Donné. *Conseils aux mères.*

PÉRIER. Première enfance.   10 goûtera à jamais. L'avantage de cette manière de procéder, c'est de pouvoir revenir sur ses pas, de redonner le sein même, au cas où on serait allé trop vite.

Sevrage prématuré et retardé. — On n'a pas cette ressource avec le sevrage prématuré, qui expose l'enfant à la mort ou au rachitisme.

Si le sevrage est retardé au delà des limites raisonnables, l'enfant est arrêté dans son développement, il reste pâle, bouffi, de belle apparence peut-être, mais anémique et lymphatique.

Les Hébreux sevraient leurs enfants à trois ans, et Galien indique cette limite. Le Dr J. Simon a soigné un enfant qui avait dépassé cet âge, et qui se refusait à prendre aucun aliment. Il ne faut pas retarder indéfiniment le sevrage, il est probable que l'enfant n'y gagne rien, surtout s'il est déjà lymphatique. Et combien y en a-t-il qui ne le sont pas un peu ? Il ne faudra pas attendre que, fatigué du sein, il dise gentiment à sa mère, comme cette enfant intelligente dont parle Vogel : « Merci, chère maman, cela m'ennuie de teter. »

CHAPITRE III

DES ALIMENTS APRÈS LE SEVRAGE.

> « Un bon repas doit com-
> mencer par la faim. »

Une fois que l'enfant est sevré, son régime doit
être dirigé de manière à se rapprocher insensiblement
de celui de tout le monde ; toutefois, il faudra éviter
de lui donner des aliments de digestion difficile. C'est
ainsi qu'on devra proscrire les pâtisseries en général,
qui sont la cause de beaucoup d'indigestions, sans
compter qu'elles favorisent la gourmandise. Je connais une famille dont les enfants n'ont jamais eu
d'autre indisposition que des dérangements dus à
cette unique cause. On proscrira de même les aliments de haut goût, les viandes salées et fumées, la
charcuterie épicée, les gibiers faisandés et les excitants de toute sorte. Le sucre et les sucreries dont on
abuse tant ont l'inconvénient de fatiguer l'estomac
et de diminuer l'appétit.

Après le sevrage, la règle doit être : plus de sel que
de sucre.

L'alimentation devra, en somme, être simple et

variée ; les repas devront être donnés à des heures
régulières, loin de la table commune, jusqu'à ce que
l'enfant puisse y manger de tout ce qu'il y trouvera.
On tiendra compte jusqu'à un certain point des répu-
gnances de chaque enfant pour tel ou tel aliment et
on surveillera la manière dont se font les digestions.
Dès qu'un aliment nouveau amène des selles fétides
ou plus fréquentes, on se hâtera de donner exclusivement ce que l'enfant digérait jusque-là, sous peine
d'accidents.

L'enfant sevré fera quatre petits repas.

I. — « MENU » DES REPAS DE L'ENFANT SEVRÉ.

Premier déjeuner. — Le matin vers sept ou
huit heures, au lever, l'enfant prendra une bouillie,
une soupe ou un potage choisis parmi ceux qui ont
été indiqués et auxquels il est déjà accoutumé. Le
pain vaut bien les pâtes, et les fécules ou les farines vulgaires conviennent au moins autant que celles qui sont le plus recherchées. Vers dix-huit ou
vingt mois on peut donner du café au lait avec du
pain grillé.

Déjeuner proprement dit. — A onze heures
ou midi, l'enfant fera un bon repas, qui comprendra :

1º Une soupe ou un potage au gras ou au maigre,
au pain ou à telle pâte qu'on voudra. Toutefois qu'on
évite les soupes aux légumes qui ne seraient pas ré-
duits en purée et qui, avalés par morceaux, ne se-

raient pas digérés, et donneraient « le gros ventre ».
C'est malheureusement ce qui arrive à la campagne,
où on donne trop tôt la soupe aux choux et aux pommes de terre. La soupe pourra aussi être remplacée
par un œuf.

2° Un plat de viande peu cuite en purée, si la dentition est peu avancée, ou du poisson, du poulet, du
veau, plus tard une petite côtelette, etc ;

3° Un petit légume ou un plat sucré ;

4° Un biscuit, plus tard, une compote ou un fruit
bien mûr.

Goûter. — Le goûter vers quatre heures sera peu
copieux : une tasse de lait et du pain.

Dîner. — Enfin le dîner ou souper vers six ou sept
heures du soir comportera encore une soupe et rien
de plus. Si l'enfant, grandissant, ne se contente pas
de sa soupe, on y ajoutera un petit légume ou un
plat doux, un pot de crème par exemple.

II. — BOISSONS.

Le lait est la meilleure chose à offrir à un enfant
aux repas, si non, de l'eau, mais pas de vin ni autres
boissons excitantes avant la seconde enfance [1].
N'est-ce pas déplorable de voir de tout petits enfants,
qu'on met, bien à tort, à table avec tout le monde,

[1] Voyez : *Hygiène alimentaire des enfants;* (Rueff). *La seconde enfance* .J.-B. Baillière`.

10.

boire du vin pur et souvent du café, et de l'eau-de-vie, et cela en mangeant de tout ce qu'on sert ?

L'enfant ne devra rien boire entre les repas : les boissons même les plus inoffensives, telles que les tisanes ou l'eau même, dilatent l'estomac et enlèvent l'appétit.

Je ne sais pas si je n'aurai pas pris ces choses trop par le « menu » ; mais je crois, par ce que je vois faire en général, qu'il n'est pas inutile d'insister sur les détails les plus vulgaires, qu'on ne sait pas, et qu'on n'apprend souvent qu'à ses dépens ; car, comme l'a dit un auteur latin que nous traduisions au collège... « Tous les animaux savent ce qui leur est salutaire... excepté l'homme (1). »

(1) Pline le Jeune.

QUATRIÈME PARTIE

LA MÉDECINE D'URGENCE

Quand un enfant est malade, la première chose à faire, c'est d'appeler son médecin ; en l'attendant, pour ne pas perdre un temps précieux, que fera-t-on ?

C'est là ce que je veux indiquer aux jeunes mères. Ma seule crainte est de les voir se substituer à l'homme de l'art, croyant qu'avec quelques notions vagues et... quelques drogues elles pourront se passer de lui : l'expérience ne tardera pas à venir le leur confirmer, que leur rôle devra consister bien plus dans l'observation, pour bien renseigner le médecin, que dans l'emploi d'une médication dangereuse ou inopportune. Comme je l'ai dit ailleurs[1] : « C'est la mère qui recueille les faits, c'est le médecin qui les explique, attribuant à chacun sa signification. Et combien il serait important que chaque mère de famille tînt une espèce de journal dans lequel elle inscrirait tous les faits, concernant la santé de ses enfants, qui pourraient intéresser le médecin et lui être utiles pour

[1] *L'Art de soigner les enfants malades*, chap. IV.

diriger son traitement en cas de maladie dans le présent ou dans l'avenir. On arriverait à constituer ainsi *le dossier de la santé d'un enfant* depuis sa naissance; et on pourrait savoir à un moment donné quelles maladies ou quels accidents ont pu troubler le cours de sa petite existence. »

A une première page, on indiquerait, après la date et les circonstances de la naissance, la manière dont l'enfant a été nourri, soit au sein, soit au biberon, soit autrement; si c'est la mère qui a pu s'en charger ou si elle a dù déléguer une nourrice pour la remplacer, quels incidents ont marqué les premiers temps de la vie jusqu'au sevrage et s'il y a eu des maladies ou des accidents ayant nécessité la visite du médecin.

Sur un autre feuillet on ferait l'histoire de la dentition en indiquant de quelle manière elle s'est faite, l'ordre qui a présidé à la sortie des dents et les accidents qui ont accompagné ce travail.

On relaterait ensuite comment s'est opéré le sevrage, comment l'enfant est arrivé au régime de tout le monde, s'il n'a pas eu de diarrhée, de vomissements, de convulsions, etc.

Il y aurait un tableau des pesées obtenues tous les jours, toutes les semaines, tous les mois ; une constatation des progrès de la croissance et de la marche, ainsi que des circonstances qui ont coïncidé avec un arrêt dans ces fonctions. Il y aurait une page affectée aux maladies de l'enfance et une mention de l'âge et des conditions où on a pratiqué la vaccine, ainsi que des résultats qui ont suivi cette opération. Enfin, dans un autre, on noterait tous les accidents de la vie de l'enfant qui n'auraient pu trouver leur place dans les cadres précédents.

On prévoit tout de suite de quelle valeur seraient les renseignements recueillis par une mère attentive et intelligente : il se pourrait qu'elle ne comprît pas toujours l'importance de ses observations ou qu'elle ne vît pas le lien qui enchaîne plusieurs faits entre eux, mais le médecin en ferait sûrement son profit. Dans les hôpitaux et les cliniques, les chefs de service chargent leurs élèves les plus sérieux de recueillir les observations qui, conservées, classées, deviennent les matériaux de travaux importants et de statistiques de faits devant lesquels s'inclinent les théories [1]. La santé sera à peu près toute la vie ce qu'elle aura été dans les premières années. « Il n'y a guère de personnes qui, dans ce premier penchant de l'âge, ne fassent connaître par où leur corps et leur esprit doivent défaillir », a dit La Rochefoucauld. C'est pour cela que ce carnet de notes serait utile, car combien souvent nous manquons tout à fait de renseignements

[1] Madame Necker de Saussure exhorte vivement les jeunes mères à tenir un journal exact du développement de leurs enfants. Quand elles n'auraient point de vues plus générales, toujours trouveraient-elles un grand avantage à ce travail. Il donnera de l'ensemble à leurs idées, de la fixité à leurs projets. Elles s'accoutumeront à bien regarder et à s'expliquer ce qu'elles voient... « Je voudrais, dit-elle encore, un journal véritable où l'on prît acte de chaque progrès, où les vicissitudes de la santé physique et morale fussent marquées, et où l'on trouvât par ordre de date la mesure d'un enfant dans tous les sens. »

soit sur le petit enfant, soit sur la famille. Eh bien,
ces quelques notes jetées sur le papier et conservées
seraient d'un prix infini pour l'avenir. Leur ensemble
serait le tableau de ce qu'a été la santé d'un enfant,
et on en pourrait tirer des prévisions pour ce qu'elle
serait par la suite ([1]). »

([1]) Mes *Livrets de famille*, qui viennent de paraître chez J.-B.
Baillière et fils, sont la réalisation de cette idée. Les mères y
trouveront, en des cadres tout prêts d'avance des questions
posées auxquelles elles n'auront qu'à répondre et des pages
blanches pour les renseignements complémentaires qui
n'auraient pu trouver place dans les tableaux.

CHAPITRE PREMIER

SOINS MATERNELS QUI S'APPLIQUENT A LA GÉNÉRALITÉ
DES CAS.

> « La meilleure médecine est
> de ne pas avoir besoin de mé-
> dicaments. »
> (CELSE.)

Il serait puéril d'appeler le médecin dès qu'un petit
enfant est indisposé, si l'on entend par indisposition
un simple accident de la santé, un trouble passager
qui ne laisse pas de trace. Un nouveau-né ou un enfant sevré a mal dormi, il est inquiet, nerveux, éprouve
un malaise inaccoutumé, tenant soit à une tetée ou à
un repas mal à propos, soit à un écart de régime, etc. ;
tout cela n'est pas au-dessus de la compétence d'une
mère intelligente et exercée aux enfants. Si l'indisposition persiste ou s'il se produit un de ces phénomènes subits, tels qu'une convulsion ou un frisson,
des vomissements ou de la toux, il ne faut pas perdre
un temps précieux à tâtonner en prenant l'avis de
tout le monde, excepté du médecin ; c'est lui qu'on
appellera. Ne pas faire quelque chose qui serait mal à
propos ou inutile. Il vaut mieux ne rien faire que faire

quelque chose pour rien. Des boîtes d'ouate (fig. 41),
un lavement, un cataplasme, des sinapismes et tous
les petits moyens analogues n'auront pas d'inconvénients ; mais, que dire de ces mères qui, dans leur
affolement, donnent, coup sur coup, une purgation,
un vomitif et toutes les tisanes que les commères ne
manquent pas de leur prescrire ? Que dire surtout de
ces pauvres enfants qui ne sont même pas sevrés, et
auxquels on voit prendre non seulement de l'huile de
foie de morue et du sirop antiscorbutique, mais du
sirop de raifort iodé ?... ou encore telle spécialité qui
est vantée « pour tout » par la quatrième page des
journaux ? Un poison dont on use bien devient un
médicament, et un médicament dont on use mal
devient un poison. Souvent des enfants, qui n'étaient
qu'indisposés, sont devenus réellement malades des
suites d'une médication qui n'était pas à propos, bien
que dictée par la plus tendre sollicitude. J'ai vu mourir, dans les convulsions, un nouveau-né auquel, le
lendemain de sa naissance, on avait donné *une cuillerée à soupe d'huile de ricin*. Il paraît que la matrone
l'avait prescrite pour la mère... et que la garde l'avait
administrée à l'enfant !

« On ne donne rien si libéralement que ses conseils », a dit La Rochefoucauld ; que les jeunes mères
n'en acceptent que des personnes compétentes.

Une indisposition est une maladie en petit, mais
qui n'a pas comme celle-ci de signes précurseurs, ni
de convalescence.

Une indisposition attaque si peu la santé qu'en

général l'enfant s'irrite contre le malaise qu'elle lui cause, il veut prendre le dessus et vivre de sa vie ordinaire, c'est-à-dire manger et courir, jouer et dormir à ses heures, ce qu'il ferait si la souffrance momentanée qu'il éprouve ne venait l'arrêter. Aussi la tristesse, qui est un symptôme inquiétant dans la maladie, ne dure-t-elle pas dans une indisposition, et les larmes sont souvent mêlées de rires.

La fièvre, la toux, la diarrhée, le vomissement,

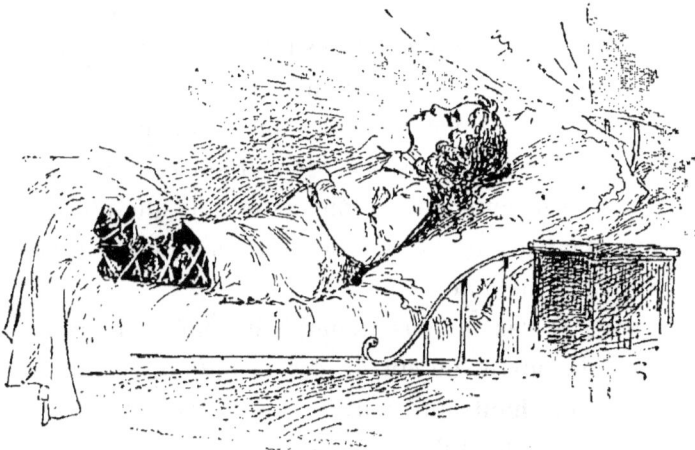

Fig. 41. — Bottes d'ouate et taffetas gommé.

qui sont des signes communs à l'indisposition et à la maladie, revèlent des caractères différents dans l'un et l'autre cas.

Quand un ou plusieurs de ces symptômes se montrent avec persistance, on est peut-être sur le chemin de la maladie et il faut se hâter d'appeler le médecin plutôt que de se laisser aller à un optimisme placide.

Car une maladie n'est plus une indisposition ou un
dérangement passager de la santé, c'est une perturbation véritable qui porte sur un ou plusieurs organes,
sur une ou plusieurs fonctions. Aussi, à part celles
qui sont produites brusquement par un coup de soleil
ou un coup de froid, par exemple, les maladies sont-
elles généralement précédées de plusieurs jours de
malaise. Voyez cet enfant qui laisse ses jeux, et
cherche le repos; il a perdu l'appétit et l'entrain naturel à son âge; en même temps son sommeil est
interrompu et troublé par des rêves, son caractère est
devenu inquiet, son humeur morose, il est abattu,
pâle, il maigrit, son teint a perdu sa fraîcheur, et ses
yeux se cernent. Il est aisé de voir sur son visage, et
d'après l'ensemble des signes nouveaux que présente
cet enfant jusque-là bien portant, qu'il est sur le chemin de la maladie.

Soit, le cas le plus général, un enfant indisposé
qui a la fièvre, ou un de ces symptômes dont j'ai
parlé plus haut, qui peuvent n'être rien ou le commencement de tout.

Que faut-il faire? Le mieux sera, en attendant le
médecin, de coucher l'enfant chaudement et de l'entourer des soins d'hygiène qui aideront la nature, au
lieu de la contrarier et d'empêcher, par exemple, une
éruption de se faire. J'ai dit, en parlant du sommeil,
que l'enfant, le nouveau-né surtout, devait être couché dans son berceau et non dans les bras de sa mère
ou de sa nourrice; cette règle doit être plus sévèrement gardée encore quand l'enfant est malade. En

effet, il se refroidit si facilement que le seul fait de le
sortir du lit pour les garde-robes, quand on ne sait
pas que le vase doit être chauffé et mis sous lui dans
son lit, suffit pour le refroidir et le tuer. J'en appelle
aux médecins qui voient beaucoup d'enfants ; ils vous
diront que, consultés d'abord pour une grippe, ils ont,
à leur seconde ou troisième visite, constaté une fluxion
de poitrine, due à ce que le petit malade n'était pas
resté au lit « *dans son lit* ».

On gardera l'enfant au lit, enveloppé de la robe de
nuit, de linge ou de flanelle, dont j'ai parlé, on le
tiendra d'autant plus chaudement qu'il est plus jeune.
On l'empêchera de se découvrir, et la mère ne le quit-
tera que pour le confier à une personne sûre.

Le petit malade n'a pas faim ; le docteur « *Diet* »
des Anglais est pour lui un grand médecin. Et on ne
comprend pas ces mères qui excitent leurs enfants
indisposés à prendre des aliments en flattant leur
gourmandise. Il a, au contraire, très soif, mais ce
n'est pas une raison pour le gorger de tisane, comme
on le fait souvent sans utilité. Un peu de lait coupé,
qui nourrit l'enfant et le désaltère, convient mieux que
tout, et, s'il s'agit d'un nourrisson, il trouvera dans
les mamelles de sa mère, non seulement le meilleur
aliment et la meilleure boisson, mais encore le seul
calmant qu'on lui puisse donner.

La conduite d'une mère prudente, dans l'immense
majorité des cas, se résumera dans cette formule anglaise : « Diète, Contentement et Repos. »

CHAPITRE II

Accident. — Un accident est sérieux ou il ne
l'est pas. Dans le premier cas on ne fait rien, parce
qu'il vaut mieux attendre le médecin que de s'exposer à nuire à l'enfant ; dans le second on ne fait
rien, parce qu'il n'y a rien à faire. Mais le médecin
est peut-être loin ; en l'attendant, si l'enfant paraît
avoir un membre cassé ou démis, on le couche dans
la position où il souffre le moins ([1]), s'il y a une
hémorragie, on le rassure, car la vue du sang l'effraie, et on met sur sa plaie une compresse d'ouate
hydrophile imbibée d'eau boriquée chaude ([2]). Les
bosses n'ont besoin que d'eau fraîche ou d'eau
blanche tout au plus.

Amaigrissement. — Chaque fois qu'un enfant

([1]) Voy. Ferrand et Delpech. *Premiers secours en cas d'accidents et d'indispositions subites*, 1891.
([2]) On boit l'eau boriquée en mettant à dissoudre dans un
litre d'eau bouillante un paquet de poudre d'acice borique
de 30 à 40 grammes.

maigrit, ce dont on se rendra compte beaucoup
mieux par des pesées régulières que par la vue simplement, il faut en chercher la cause, comme de
tout ce qui n'est pas naturel dans son existence. Car,
même s'il grandit normalement, l'enfant ne diminue
pas de poids pour cela ; son appétit reste le même,
ses fonctions se font bien, mais les aliments se répar-
tissent autrement, puisqu'ils servent moins à faire
de l'embonpoint qu'à allonger la taille. On met volontiers l'amaigrissement sur le compte des *vers* ou des
dents. Eh bien, les vers font maigrir, en effet, mais
encore faut-il s'assurer qu'ils sont en cause. Un ver-
mifuge fera tout à la fois le *diagnostic* et le traitement. Les dents sont *capables de tout,* mais encore
faut-il voir si l'enfant est en travail de dentition. Chez
le petit bébé la mère peut s'en assurer à tout
moment.

> ... Elle touche du doigt
> Le point où va bientôt de la gencive rose
> Germer cette dent blanche, objet de son effroi (¹).

La jalousie est une cause d'amaigrissement qu'il
ne faut pas ignorer : saint Augustin l'a décrite il y a
longtemps dans ce portrait de l'enfant jaloux qui,
« d'un visage pâle et d'un œil irrité, regarde un autre
enfant qui tette avec lui ». La cause la plus inquiétante
est celle que le médecin découvre, en général tardi-
vement, dans une affection cérébrale dont le début a

(¹) Victor Muller.

échappé et dont le dénouement n'est que trop souvent fatal.

Angine. — Pour nous, médecins, le mot *angine* s'applique à toutes les maladies de la gorge, c'est-à-dire qu'il signifie quelque chose de très bénin ou de très grave. Pour les mères, ce mot éveille toujours

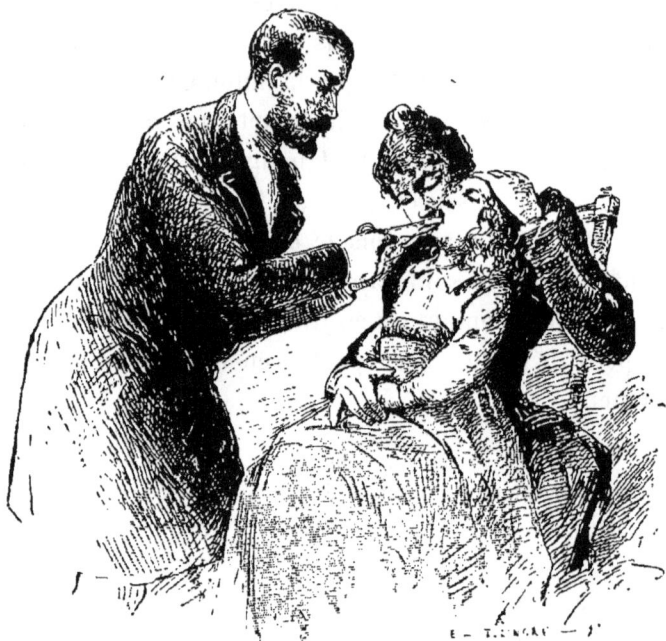

Fig. 42. — Examen et soins de la gorge.

l'idée de croup. On distinguera une angine simple d'une angine couenneuse ou diphtérique et on habituera tous les enfants à montrer leur gorge et à se la laisser soigner. Avec une cuiller à soupe ou à dessert dont on appuie le manche sur la langue aussi loin que possible, on voit la gorge et les amygdales comme l'on veut (fig. 42).

Lorsque l'enfant est pris de la gorge, voici ce qu'il convient de faire :

1er cas : La gorge est rouge, les amygdales sont gonflées de chaque côté, il y a de la fièvre, mais pas de points blancs.

1° Mettre l'enfant au lit ; 2° Envelopper ses pieds de bottes d'ouate et de taffetas gommé ; 3° Comme boisson, lait chaud coupé de tisane de mauve.

2e cas : Aux symptômes précédents il s'ajoute des plaques ou des points blancs — ou même ces plaques et points blancs apparaissent sans fièvre. — Il faut ajouter au traitement sus-indiqué, toutes les heures, un badigeonnage de la gorge avec du jus de citron et un pinceau. Mieux vaudrait avoir une paire de pinces comme celles que j'ai fait faire par M. Galante et, avec un morceau de ouate hydrophile enroulée à leurs extrémités, débarrasser la gorge des points blancs, puis, à l'aide d'un nouveau pinceau improvisé comme le premier, badigeonner soit avec du jus de citron, soit avec un collutoire prescrit par le médecin qu'il faut appeler sans perdre de temps.

Appétit (perte de l'). — L'enfant a en général bon appétit, car il bâtit sa maison en même temps qu'il l'entretient, aussi fait-il des repas plus fréquents, sinon plus copieux que nous. Dès lors, quand il refuse le sein ou les aliments et qu'il se met pour ainsi dire de lui-même à la diète, c'est qu'il est malade ou tout au moins indisposé. Cette perte de l'appétit, qui est soudaine chez l'enfant, est un indice important s'il continue après une abstinence qui ne cède pas devant un mets nouveau ou préféré. En dehors de l'état de maladie, la perte de l'appétit accuse une mauvaise direction de son hygiène alimentaire. On rétablit alors le régime et on voit l'appétit revenir naturellement.

Bronchite. — Voyez **Toux**.

Brûlures. — Accidents toujours douloureux, souvent très graves. J'ai vu succomber un enfant que sa nourrice avait laissé asseoir dans... la marmite qui se renversa et inonda d'eau bouillante ce pauvre petit. Une enquête de la préfecture de la Seine aboutit à la condamnation de la nourrice à je ne sais plus quelle peine, mais ne rendit pas l'enfant aux parents... Le meilleur remède, quand elles sont un peu étendues, c'est de recouvrir les parties brûlées d'ouate sur laquelle on met de l'huile d'olive.

Carreau. — Le carreau longtemps confondu avec le *gros ventre* des rachitiques ou avec la péritonite tuberculeuse est, scientifiquement parlant, la tuberculisation des ganglions mésentériques. En fait, cette maladie est rare et c'est le médecin seul qui pourra la reconnaître et la traiter.

Changement d'humeur ou de caractère. — Bien portant, l'enfant est heureux, et d'autant plus qu'il a en lui-même la source non encore empoisonnée de sa joie. La gaieté lui est aussi naturelle que la tristesse à un autre âge. Quand il devient triste, c'est un signe inquiétant, surtout si rien ne peut ramener chez lui sa bonne humeur accoutumée, et si ses cris ne s'accompagnent pas de larmes. *Œil sec, maladie grave,* dit-on justement. Aussi, les mères qui voient un enfant laisser ses jeux, devenir chagrin, changer ses habitudes et son humeur et qui n'arrivent pas à égayer ce petit visage triste, à stimuler son air abattu, ont-elles raison de faire appel au médecin.

Coliques. — Toutes les fois qu'un enfant du premier âge a des douleurs de ventre, quel que soit d'ailleurs leur point de départ, on dit qu'il a des coliques. Ces coliques tiennent à une foule de causes : mauvais régime chez un nourrisson (tetées trop fréquentes, lait trop vieux, biberon, aliments donnés prématurément, donnant lieu à une indigestion ; accumulation de matières ou de gaz, hernies, refroidissement, empoisonnement, etc.), quelquefois à un corps étranger. Dans tous les cas on devra faire une médication qui aura pour but de soulager l'enfant, et si on ne trouve pas la cause, on recourra au médecin, car les coliques peuvent être le début d'une affection qu'il est important de combattre de bonne heure.

Voici une prescription pour les cas simples :

1° Onctions sur le ventre avec de l'huile de camomille camphrée chaude, au besoin cataplasme arrosé de quelques gouttes de laudanum ;

2° Couche d'ouate et bande de flanelle ;

3° Lavement d'eau simple ou additionnée de miel, glycérine, huile, etc. ;

11.

4º Avant tout régler le régime des tettées ou des repos.

Constipation. — Cet accident si commun chez les enfants vient souvent du lait, d'un régime mal dirigé surtout de l'allaitement artificiel, de la constitution de l'enfant ou de ce qu'il vit trop renfermé (¹). Dans tous les cas on se trouvera bien de donner des lavements simples, glycérinés, huileux, etc..., et au besoin un petit purgatif. La magnésie anglaise se donne dans un peu d'eau sucrée : une pincée pour le nouveau-né, une demi-cuiller à café plus tard, et une cuiller à café vers deux ans. L'huile d'amandes douces, associée par moitié au sirop de chicorée, sera donnée à la dose d'une cuiller à café. Plus tard, on recourra à l'huile de ricin ou à la manne ; la première agit bien à la dose d'une cuiller à café chez un enfant d'un an; deux cuillerées à deux ans; la manne, à la dose d'une cuiller à dessert avant un an, ou à soupe vers deux ans. Si l'enfant refuse ces médicaments, on emploiera le calomel, comme on le fait beaucoup en Angleterre : vingt à cinquante centigrammes seront bien pris dans un peu d'eau, sucrée ou non, par les enfants qui ont le plus de répugnance aux drogues.

Convulsions. — Cet accident consiste en des contractions involontaires des muscles qui produisent des secousses plus ou moins violentes de la figure et des membres. Il est dû quelquefois à une lésion au

---

(¹) J'en ai guéri un en prescrivant des bains; l'enfant avait cinq mois et n'avait été baigné qu'une fois : à sa naissance !

cerveau, plus souvent à un trouble digestif, qui n'est lui-même que le début d'une maladie, et d'autres fois la cause échappe.

Dans tous les cas, on devra appeler le médecin, mais voici ce qu'on doit faire en l'attendant, après s'être assuré que l'enfant n'a pas été brûlé par sa boule d'eau chaude, ni piqué par une épingle, ni qu'il n'a été victime de quelque autre accident, refroidissement, etc. :

1° Donner un vomitif (quand il s'agit d'une simple indigestion) ;

2° Un lavement simple au glycériné, huileux, purgatif (infusion de follicules de séné, cuiller à café ou à dessert de sel de cuisine, etc.), s'il y a constipation ;

3° Faire respirer quelques gouttes d'éther ;

4° Appliquer des sinapismes aux jambes, entourer celles-ci et les pieds de bottes d'ouate et taffetas gommé ;

5° Enfin un bain sinapisé jusqu'à rougeur de la peau, à moins que l'enfant ne tousse, auquel cas il convient d'attendre l'arrivée du médecin.

Coqueluche. — La coqueluche est un catarrhe d'un nature spéciale contagieux qui débute souvent comme un simple rhume ou par un accès de faux croup, puis il se produit des quintes de toux caractéristiques, suivies d'une respiration sifflante et anxieuse, et la crise se termine par le vomissement d'aliments ou de glaires. C'est une maladie à redouter à cause de sa longue durée et de ses complications. Épidémique, elle règne surtout au printemps et en automne, et peut se gagner par le contact avec les petits malades qui en sont atteints ou avec les objets qu'ils ont souillés. Empêcher les enfants de s'exposer à la contagion, et, s'ils sont atteints, les isoler tant que durera la maladie.

Pendant la bronchite qui précède les quintes on soignera la coqueluche comme la toux ordinaire (voyez ce mot). Les quintes apparaissant, il ne faudra pas tarder d'appeler le médecin.

La coqueluche, qui est souvent une maladie bénigne, est quelquefois très meurtrière et on ne doit jamais l'abandonner à elle-même. Elle a ses surprises et ses mécomptes en réserve pour ceux qui la traitent par le mépris. Il y a des enfants qui gardent toute leur vie un asthme ou une affection du cœur dont l'origine remonte à une coqueluche négligée.

Coryza. — Le coryza, vulgairement appelé *rhume de cerveau,* est l'inflammation de la membrane muqueuse qui tapisse les fosses nasales ; il se montre au début ou dans le cours de plusieurs maladies. Chez les enfants à la mamelle, cette indisposition devient quelquefois un obstacle sérieux à l'allaitement, en forçant l'enfant à quitter le sein à chaque instant pour respirer par la bouche. On l'alimentera à la cuiller aussi longtemps qu'il ne pourra pas teter, on enveloppera ses pieds d'ouate et de taffetas gommé, et enfin on pourra essayer de tarir la sécrétion nasale avec de la poudre d'alun ou de tanin.

Il importe de désobstruer les narines. On prend, pour cela, une sonde en caoutchouc rouge de petit calibre en communication avec une carafe ou un récipient très propre à l'aide d'un tube suffisamment long. On met dans le récipient de l'eau chaude et de l'acide borique (10 à 20 grammes pour un 1/2 litre), on a ainsi un siphon que l'on amorce et on introduit la sonde dans une des narines, la tête de l'enfant étant penchée en avant au-dessus d'une cuvette. Le liquide entre par une narine et sort par l'autre entraînant le paquet de mucosités qui obstruait les fosses nasales. En même temps le bébé tousse, éternue, mais il est après l'opération dégagé et capable de dormir et de teter. On recommence s'il le faut cette petite opération qui n'offre aucun danger pour l'enfant et qu'avec un peu d'habitude on arrive à faire parfaitement.

Cri. — Le cri est le plus énergique des moyens d'expression de l'enfant. Le premier cri du nouveau-né annonce son entrée dans la vie, mais après cela il crie souvent et sous l'influence de causes bien diverses. Le cri de la douleur chez un enfant à la mamelle persiste malgré tout ce qu'on fait pour le distraire : la lumière, le sein, le changement de position ne lui font rien. Il faut chercher la cause : une épingle, un parasite, une colique. Dans ce dernier cas, il devient plus aigu par la pression sur le ventre. Le cri de la faim se produit au réveil d'un sommeil de deux ou trois heures, et le sein le fait cesser. Celui du caprice se reconnaît bientôt à sa répétition sans cause et sans motif, et il indique la nécessité de com-

mencer de bonne heure l'éducation du baby en mê-
lant un peu de fermeté à la douceur naturelle du cœur
des jeunes mères : on règle l'appétit et le sommeil et
on laisse crier et pleurer; l'orage s'apaise et la leçon
profite.

Le *cri cérébral* de la méningite est un cri perçant
qui accompagne d'ailleurs d'autres signes, tels que
vomissements, perte d'appétit, d'entrain, de sommeil, etc.

Le *cri rauque* caractérise le croup ou le faux
croup; il s'accompagne alors de voix et de toux analogues. Je n'insiste pas.

Quand un nourrisson pousse des cris intenses et
prolongés, il faut d'abord le démailloter, si rien ne
le gêne, on s'assure qu'il n'a pas froid et au besoin
on le réchauffe, enfin on le met au sein et s'il est
calmé, c'est qu'il n'avait que faim. Il s'endormira la
tetée finie.

Croup. — Faux croup. — Le croup est une
manifestation de la diphtérie, caractérisée par le développement de fausses membranes sur la muqueuse
du larynx. Il est précédé de quelques jours de malaise, de fièvre et surtout d'angine : la voix est enrouée,
affaiblie et éteinte. La présence du médecin est de
rigueur [1].

Le faux croup, lui, vient tout à coup, à la suite
d'un refroidissement ou au début de la rougeole, de

---

[1] Voyez mon volume: *Consultations sur les maladies des
enfants.* Paris, Rueff et Cⁱᵉ.

la coqueluche, de la grippe. L'enfant, presque toujours la nuit, est pris d'une toux rauque et sonore, qui ressemble au cri du coq ou à l'aboiement du jeune chien. La suffocation imminente et l'angoisse du malade effrayent tellement les familles qu'il est souvent difficile au médecin de les rassurer. Le faux croup est aussi bénin que le croup est grave. Voici la conduite à tenir en attendant le médecin :

1° Donner un vomitif ;

2° Appliquer un cataplasme sinapisé sur le devant de la poitrine ;

3° Bottes d'ouate et taffetas gommé ;

4° Rien que le sein au nourrisson, lait chaud à l'enfant sevré.

Diarrhée. — La diarrhée, si fréquente chez les enfants, est tantôt une simple indisposition d'un jour, tantôt le symptôme d'une maladie qui, par sa persistance, doit éveiller la sollicitude des parents et du médecin. Elle ne consiste pas chez eux seulement à avoir des selles liquides ou molles, car les petits enfants n'en ont guère d'autres ; mais ce qui constitue chez eux le dévoiement, c'est le grand nombre des selles et le changement de leur aspect. La diarrhée, qui, par elle-même, peut amener le dépérissement et la mort des malades, est souvent le symptôme d'un état grave. Toute diarrhée qui dure plus d'une journée et qui n'est pas imputable à un écart de régime, toute diarrhée dont la cause échappe doit être traitée, et ce n'est pas trop de faire appel à l'homme de l'art.

1° Donner, pour un cas léger, de temps en temps, une pincée de bismuth dans un peu d'eau sucrée ;

2° Lavement d'amidon cuit matin et soir ;

3° Onctions sur le ventre avec de l'huile de camomille camphrée chaude ;

4° Donner le sein seulement à l'enfant non sevré, et, après le sevrage, du bon lait coupé d'eau de riz ou d'eau de Vals ;

5° Garder l'enfant au lit ; ouate aux pieds.

Si la diarrhée continue, faire appeler le médecin.

Érythème. — L'érythème des nouveau-nés est constitué par des taches rouges qui apparaissent à la face interne des cuisses, aux fesses, aux parties génitales, aux plis de l'aine. On l'appelle aussi *intertrigo.* Il est dû, le plus souvent, à ce que les soins de propreté laissent à désirer, à ce que l'on emploie des couches lavées à l'eau de javelle, et d'autres fois aussi l'érythème accompagne la diarrhée chronique. Il y a aussi un *érythème disquamatif,* un *érythème vacciniforme,* un *érythème papuleux syphiloïde* qui méritent l'attention du médecin. Ils peuvent, en effet, être suivis d'ulcérations.

Le traitement général est l'affaire du médecin; quant au traitement local il consiste à tenir l'enfant très proprement, à le laver avec de l'eau de feuilles de noyer, avec de l'eau boriquée, puis à le poudrer avec du talc ou un mélange d'acide borique et de lycopode.

Fièvre. — La fièvre existe chez un enfant quand

la température prise au thermomètre dépasse le
chiffre normal. Il y a alors, comme prélude, du malaise, de l'agitation, quelquefois même des convulsions, de l'abattement, de la soif, de la courbature et
du mal de tête dont rendent compte seulement les
enfants déjà grands. La perte de l'appétit est plus ou
moins prononcée. Nous savons que les enfants sont
de « grands charlatans de fièvre », que tout chez eux
est un prétexte suffisant pour qu'ils aient la peau
chaude et le pouls vif. C'est par sa durée et par son
association avec d'autres signes que le symptôme
« fièvre » prend une certaine valeur.

La fièvre s'accompagne-t-elle de toux rauque, de
larmoiement, de nausées, il y a des chances pour
que l'on soit au début d'une rougeole qui apparaît du
troisième au cinquième jour sur le front et les joues,
le cou, derrière les oreilles, etc., puis sur le reste du
corps.

S'il y a, avec la fièvre, du mal de gorge, du mal de
tête avec agitation et délire ou convulsions, il est
plus probable qu'on aura affaire à la *scarlatine,* qui se
montre après un ou deux jours à la face, au cou, sur
les membres, etc.; enfin, s'il y a avec la fièvre des
douleurs violentes dans le dos et les reins avec des
vomissements, il est plus probable qu'on est en présence d'un début de *varioloïde* ou de *varicelle.* On
sait que la variole est rare chez un enfant vacciné.

La fièvre muqueuse ne se voit guère dans la première enfance.

Les fièvres intermittentes débutent par un refroidissement appréciable au nez et aux doigts qui sont violacés, de la pâleur du visage et du malaise ; parfois, il y a une convulsion ou des vomissements ; tout cela, bientôt suivi de l'accès, qui se termine après quelques heures par de la moiteur ou même une véritable transpiration (¹). En attendant le médecin (quand on sait qu'un enfant a eu des accès), ne pas hésiter à donner de la quinine, dont on doit avoir toujours avec soi, surtout à la mer ou à la campagne, une petite provision.

Si la fièvre s'accompagne de toux, d'oppression, elle indique une affection des voies respiratoires. Elle est souvent violente au début d'un mal de gorge simple ou d'une angine, de la grippe, etc. On le voit, ce signe n'a de valeur que pour ceux qui savent l'apprécier dans chaque cas particulier. Que fait le médecin en présence du symptôme *fièvre* ? Il commence par chercher s'il y a une maladie localisée au poumon, à l'intestin, à la gorge, etc. ; s'il ne trouve rien, il attend l'apparition d'une éruption ou d'un élément nouveau de diagnostic.

Frayeurs nocturnes. — Les enfants excités et fatigués ont, la nuit, des rêves, des cauchemars, des frayeurs avec cris (*nightterror* des Anglais) ; on calmera l'enfant, qui se rendort bientôt. Ces accidents se reproduisent une fois par nuit. On les fait cesser en donnant, au moment du coucher, une dose de

---

(¹) E. Périer. *Note sur la fièvre intermittente chez les enfants à Paris.* J.-B. Baillière, 1891.

bromure proportionnée à l'âge de l'enfant, ou une petite cuiller de sirop d'éther ou de chloral. Le moyen de les prévenir consiste à rendre ces enfants à la vie calme qui convient à leur âge. On évitera de les faire veiller ou de les exciter, soit en leur donnant à boire du vin, du thé ou autres boissons spiritueuses, soit de tout autre manière.

Les nourrices et les bonnes, loin de calmer les enfants qui ont peur, contribuent, par manque de tact, à augmenter leurs craintes imaginaires ; il faut, au contraire, les familiariser avec les idées qui les effraient, en montrant devant eux du calme en toute circonstance : ce sera le meilleur moyen de les guérir.

Gourme. — La gourme est constituée par des croûtes jaunes qui affectent surtout le front, les joues, le tour de la bouche, du nez, et même des yeux. La démangeaison que ces croûtes font éprouver aux enfants porte ceux-ci à les écorcher et à étendre ainsi le mal aux parties saines. C'est une conséquence du mauvais régime alimentaire, qu'il faudra modifier. En couvrant les plaies de poudre d'amidon, de riz ou de fécule de pomme de terre, on les fera rapidement sécher, et, pour faire tomber les croûtes, on se trouvera bien d'appliquer sur les régions malades des compresses de gaze trempées dans de l'eau d'amidon.

Grincements de dents. — Il n'est pas rare que les enfants nerveux grincent des dents pendant leur sommeil, même en bonne santé ; on les calmera avec un petit bain de tilleul donné le soir ou avec une dose

de bromure de potassium, proportionnée à leur âge,
ou avec une cuiller à café de sirop d'éther ou de
chloral dans un peu d'eau, au moment du coucher.

Grippe. — La grippe est, en réalité, une bronchite épidémique avec de la fièvre et de l'abattement,
qui, sous l'influence de certaines circonstances, peut
prendre un caractère de gravité considérable. On
gardera l'enfant au lit et on le soignera comme pour
un rhume : appliquer des cataplasmes sinapisés sur
la poitrine et donner des boissons chaudes.

Habitudes vicieuses. — Les enfants, même
très jeunes, se livrent quelquefois aux habitudes
vicieuses. La sagesse et la prudence des parents devront prévenir et empêcher de se développer cette
aberration précoce de l'imagination. Une fois l'habitude contractée et invétérée, le médecin sera lui-
même souvent embarrassé pour trouver un remède
efficace.

Hoquet. — Le hoquet se montre quelquefois
chez le nouveau-né ; il suffit, pour le faire passer, de
quelques cuillerées d'infusion de tilleul ou d'oranger,
et de frictions, au creux de l'estomac, avec de l'huile
de camomille camphrée chaude.

Ictère ou jaunisse. — On appelle ainsi une
teinte jaune générale qui se manifeste chez les petits
enfants, peu de temps après la naissance. On ne
devra pas s'effrayer d'une indisposition sans gravité
qui passe toute seule. Mais il y a un ictère grave de
nature infectieuse que l'on prévient par un pansement
antiseptique du cordon ombilical.

Incontinence nocturne d'urine. — Pendant les deux premières années de la vie, quelque bien réglé que soit un enfant, on obtiendra difficilement qu'il ne se mouille pas au lit. Au moment du sevrage on doit tâcher d'y remédier. Dans les cas où cet accident tient à un sommeil lourd de l'enfant, qui fait qu'il ne se rend pas compte du besoin, on pourra lui donner le moins possible à boire avant de le coucher et le lever à heures fixes pour le mettre sur le vase. On pourra habituer les enfants déjà un peu grands à se retenir dans la journée le plus longtemps possible. S'il s'agit d'employer une médication plus énergique, c'est le médecin qui dirigera le traitement.

Indigestion. — On appelle ainsi un trouble passager et subit de la digestion qui se produit sous l'influence d'un repas trop copieux ou d'aliments de mauvaise qualité, ou encore à l'occasion d'un refroidissement, d'une chute, d'une frayeur, etc. C'est la révolte de l'estomac et de l'intestin malmenés. L'enfant au sein d'une bonne nourrice rend naturellement, par simple régurgitation, le trop-plein de son estomac. Chez les enfants mal réglés ou trop nourris, on voit la face pâlir, les traits se contracter, puis survenir de l'agitation et des convulsions, et la scène se terminer par des vomissements de lait ou d'aliments et des selles liquides précédées de coliques. Le traitement préventif consiste à suivre nos préceptes d'hygiène.

L'enfant sevré, en âge de se plaindre, accuse du malaise, de la douleur de tête, il est pâle, puis il

éprouve des nausées, et, si les vomissements ne
viennent pas le soulager, on pourra encore voir la
scène se compliquer de crises convulsives. Le plus
ordinairement, après des vomissements et de la diarrhée, tout rentre dans l'ordre.

Pour un nourrisson, il n'y a rien à faire qu'à éloigner les tetées.

Pour un enfant sevré :

1° Une infusion d'anis, camomille, thé, menthe ;
2° onctions sur le ventre avec huile de camomille
camphrée chaude ; 3° un vomitif et favoriser les vomissements avec de l'eau tiède ; 4° repos et diète jusqu'à ce que l'enfant retrouve son appétit.

Insomnie. — Le manque de sommeil est rare
chez l'enfant. Si ce symptôme se montre sans être
expliqué par une indisposition ou un malaise, il
faudra soumettre le cas au médecin compétent, car
un enfant qui ne dort pas est un enfant menacé, et
d'autant plus qu'il est plus jeune, car on sait combien
ces petits êtres ont besoin de sommeil. L'insomnie
persistante est un présage de maladie et surtout de
maladie cérébrale. Quand le sommeil sera troublé ou
perdu sans qu'on puisse l'expliquer par la dentition
(que n'explique-t-on pas avec elle !) ou par une indisposition, par une maladie ou par... l'indiscrétion de
parasites, il faudra faire appel au médecin. La som-
nolence a aussi sa signification dans les maladies
profondes des centres nerveux ; il n'y a pas lieu d'insister sur ce symptôme tardif d'une maladie qui aura
par d'autres signes appelé l'attention.

Muguet ou millet. — Le muguet est une maladie contagieuse qui se montre très souvent dès les premiers jours de la vie et consiste dans le développement de petits champignons blancs semblables à un dépôt de givre. Ces champignons agglomérés recouvrent la langue et l'intérieur de la bouche, et s'accompagnent parfois de désordres du côté de l'intestin. Badigeonner la bouche avec un pinceau et du borax en poudre, ou en solution dans de l'eau ou de la glycérine, et donner à boire un peu d'eau de Vals tiède.

Ophtalmie. — Grave chez le nouveau-né, cette maladie demande des soins immédiats. Par les bords des paupières rouges, gonflées et fermées, on voit sortir du pus blanc et épais. En attendant l'avis du médecin, faire des lotions d'eau boriquée aussi chaude que l'enfant pourra la supporter.

Rougeole. — La rougeole est une fièvre éruptive, fréquente chez les enfants, épidémique et la plus contagieuse de toutes, caractérisée par de la fièvre, du larmoiement, du coryza, de la toux, et surtout par de petites taches rouges, irrégulières, plus ou moins saillantes. Tout le monde connaît cette maladie, si commune. L'isolement est le seul préservatif. Si elle se déclare, on tiendra l'enfant au lit et on lui donnera une tisane chaude de bourrache ou de quatre fleurs en attendant le médecin. En tout cas, ne pas jouer avec elle, surtout quand il s'agit d'enfants débiles : comme on l'a dit, la rougeole est lâche... elle tue les faibles.

Rhume. — Voir **Toux.**

Scarlatine. — Si un enfant présente avec de la fièvre une coloration de la peau rouge foncé comme si on l'avait barbouillé avec du jus de framboise, ou de petits points rouges granités et réguliers, et avec cela une angine et de la fièvre, on pourra dire qu'il a la scarlatine. Cette fièvre éruptive se montre à tout âge.

Si la maladie se déclare, on couchera l'enfant et on appellera le médecin en gardant l'enfant bien au chaud pour ne pas gêner l'éruption.

Toux. — Tout enfant qui tousse doit être soigné.

La toux peut s'accompagner de fièvre, d'oppression, de point de côté et alors être le signe d'une pneumonie ou d'une pleurésie : il ne faut pas surseoir à l'appel du médecin. La toux qui, quoique sans fièvre ni douleur, se prolonge longtemps, ne doit pas être traitée légèrement. Malheur aux parents qui la mettent sur le compte des dents, ou des vers ou de la croissance... et qui laissent ainsi se développer une maladie de poitrine !

Voici ce qu'il faut faire quand un enfant est pris de toux avec fièvre :

1° Tenir l'enfant au chaud ;

2° Bottes d'ouate et taffetas gommé ;

3° Papier chimique sur la poitrine ;

4° Le sein seulement au nourrisson, et à l'enfant sevré lait chaud sucré avec du sirop de tolu.

Vaccine. — La vaccine est le moyen prophylactique de la variole. Cette opération se fait dans les deux premiers mois qui suivent la naissance et dès le huitième jour s'il y a épidémie. Le printemps et l'automne sont les meilleurs moments pour cela. Il n'y a aucune précaution à prendre pendant que dure la

Fig. 43. — Vaccination à la jambe.

petite maladie que l'on produit ainsi chez l'enfant. A Paris, nous vaccinons surtout avec le vaccin de génisse ; en province, on vaccine plutôt de bras à bras : les deux méthodes peuvent être également employées.

Périer. Première enfance.   12

Nous faisons l'opération au bras en général, mais quelquefois aussi, surtout pour les petites filles, à la partie externe de la jambe (fig. 43).

Varicelle. — La varicelle est une éruption épidémique sans aucune gravité, qui est aussi bien distincte de la petite vérole ; on voit apparaître des taches, point de départ de vésicules qui se remplissent d'eau et se dessèchent rapidement ; le tout se passe avec peu de fièvre. Le médecin sera appelé si on le peut ; sinon, on attendra la guérison sans médicaments par le séjour au lit ou à la chambre, suivant le cas, avec une diète plus ou moins sévère.

Variole. — La variole, depuis que la vaccine est appliquée à tous, n'est plus une maladie de l'enfance. C'est une fièvre éruptive contagieuse, caractérisée par des boutons qui se dépriment à leur centre, suppurent, se dessèchent, et tombent en laissant des cicatrices indébiles. En raison de la gravité de cette maladie on devra faire vacciner les enfants de bonne heure, surtout en temps d'épidémie.

Vents. — Pendant les premières semaines qui suivent la naissance, les enfants rendent fréquemment des vents, comme conséquence d'un mauvais régime. Faire sur le ventre des frictions d'huile de camomille camphrée ou anisée, et appliquer des cataplasmes et des serviettes chaudes ; si les vents amènent des vomissements, donner avant la tetée quelques gouttes d'eau de chaux ou une cuillerée d'eau de Vals, Vichy.

Les « *vents* » sont accusés de bien des maux dont ils sont parfaitement innocents ! Quelques gaz dans l'intestin d'un enfant sont plus souvent un symptôme, l'ombre d'une maladie, qu'une maladie qui nécessite l'emploi des « antiventeux » que les empiriques exploitent avec profit... pour eux.

Vers. — On a observé les mêmes espèces de vers que chez l'adulte, mais les plus ordinaires sont : les oxyures et les ascarides lombricoïdes. Les premiers sont des vers blancs, minces comme un fil, et de quelques millimètres de long, qui se voient facilement le soir dans les plis de l'anus. Ils déterminent des démangeaisons qui provoquent des cris et quelquefois des convulsions.

Les ascarides lombricoïdes ont 15 à 20 centimètres et ressemblent aux vers de terre; on les tue avec la mousse de Corse en poudre, à la dose de 4 à 15 grammes dans du lait sucré. Le semen-contra, dont on fait de petits grains enveloppés de sucre, est bien accepté par les enfants, ainsi que les biscuits à la santonine; en donne, suivant l'âge, le soir un biscuit ou un demi-biscuit, et une petite purgation le matin.

Pour les petits oxyures, on se trouvera bien de lavements presque froids avec une cuiller d'huile ou de glycérine; on pourra calmer les démangeaisons avec des bains tièdes et des onctions avec de la vaseline. Comme on met souvent sur le compte des vers bien d'autres états maladifs, on devra s'assurer si on n'est pas dans l'erreur et, en tout état de cause, on fera bien d'appeler le médecin.

Vomissements. — « Enfant vomissant, enfant bien venant », dit le proverbe. Le dicton est vrai s'il

s'agit de régurgitations naturelles qui sont plutôt
utiles que nuisibles; mais quelquefois des enfants vo-
races, qui avalent de l'air en tetant, vomissent beaucoup et dépérissent rapidement. Voir le médecin, qui
modifiera le régime.

L'enfant sevré vomit pour toute espèce de causes;
si cet accident se produit après un repas copieux, ne
pas s'en alarmer, mais se souvenir que c'est souvent
le début d'une maladie, notamment des fièvres érup-
tives, et parfois le prélude d'une affection cérébrale.
La diète sera le remède dans le premier cas; le médecin sera appelé s'il y a plus qu'une simple indigestion. Dans ce cas conserver, pour les lui montrer, les
matières rendues: si ce sont des aliments qui sont
vomis pendant la nuit, ou après un repas trop copieux,
sans fièvre, penser qu'il s'agit d'une indigestion. Si
ce sont des matières alimentaires, des glaires ou de
la bile qui sont expulsés en un seul vomissement *avec
de la fièvre,* on est en présence d'un début de fièvre
éruptive ou d'une fluxion de poitrine ou d'une autre
maladie aiguë, ne pas surseoir à l'appel du médecin.

Dans la coqueluche les vomissements sont souvent
striés de sang. Chez les nourrissons il y a aussi quelquefois beaucoup de sang dans les vomissements sans
qu'il faille s'en alarmer, car c'est du sang que l'enfant a sucé avec le lait, sa mère ayant des gerçures
au sein. Je signale ceci que j'ai vu dans ma famille,
afin que les mères ne se tourmentent pas outre mesure et qu'elles examinent le sein qui doit présenter
la cause de l'accident.

Quand, avec ou sans fièvre appréciable, les vomissements se répètent avec persistance chez un enfant
qui a perdu l'appétit, qui est triste et languissant, il
faut craindre une affection cérébrale.

Quand les vomissements s'accompagnent de diarrhée jaune, verdâtre, liquide, il faut montrer au médecin les selles : il y a là probablement une entérite
ou le choléra infantile. On le voit, ce signe n'a de valeur que pour celui qui sait tenir compte des circonstances qui l'accompagnent.

FIN.

TABLE DES MATIÈRES

DEUXIÈME PARTIE

TROISIÈME PARTIE

QUATRIÈME PARTIE

La médecine d'urgence. . . . 175

FIN DE LA TABLE DES MATIÈRES

CHARTRES. — IMPRIMERIE DURAND, RUE FULBERT.

www.ingramcontent.com/pod-product-compliance
Lightning Source LLC
Chambersburg PA
CBHW071942090426
42740CB00011B/1782